존 스토트의
복음 전도

IVP(InterVarsity Press)는
캠퍼스와 세상 속의 하나님 나라 운동을 지향하는
IVF(InterVarsity Christian Fellowship)의 출판부로
생각하는 그리스도인을 위한 문서 운동을 실천합니다.

This Korean edition © 2023 John Stott's Literary Executors
Original © 1967 John R. W. Stott
Originally published in English under the title *Our Guilty Silence*.
This Korean edition is published by permission of John Stott's Literary Executors.
License arranged through rMaeng2, Seoul, Republic of Korea.

이 한국어판의 저작권은 알맹2를 통하여 John Stott's Literary Executors와 독점 계약한 IVP에 있습니다.
신 저작권법에 의하여 한국 내에서 보호받는 저작물이므로
무단 전재와 무단 복제를 금합니다.

존 스토트의
복음 전도

✸

존 스토트
김성녀 옮김

Ivp

차례

한국어판 서문 * 7

편집자 서문 * 9

서론 * 11

1장 하나님의 영광: 복음 전도의 동기 * 21

2장 하나님의 복음: 복음 전도의 내용 * 43

3장 하나님의 교회: 복음 전도의 주체 * 79

4장 하나님의 영: 복음 전도의 원동력 * 131

참고 문헌 * 169

한국어판 서문

두 번에 걸쳐 한국을 방문한 것은 내게 특권이었다. 두 경우 모두 나는 한국 교회의 모습에 감명받았다(한국을 방문한 모든 사람이 그렇듯). 한국 교회의 기도로 충만한 모습, 대위임령에 대한 순종, 예배와 찬양, 사회 활동, 성령의 능력 가운데서 누리는 자신감 등에서 그러했다.

한국 교회가 많은 면에서 유럽 교회보다 건강하다는 것은 사실이다. 그렇다면 내가 한국 그리스도인들을 위해 복음 전도에 관한 글을 쓴다거나 심지어 이 책의 한국어판 서문을 쓴다는 것은 부적절한 일이 아닌가? 나는 내가 진정한 겸손 가운데 이 글을 쓰고 있기를 소망한다.

나는 세계 각국을 여행하면서 많은 그리스도인이 우리 주 예수 그리스도를 용감하게 증언해야 하는 상황에서 침묵하는 것을 보았다. 나는 우리가 침묵하는 죄(our guilty silence)를 짓는 주된 이유가 무엇인지를 스스로에게 물었다. 그리고 이 질문에 대한 답이 이 책의 내용을 형성한다.

첫째, 우리는 복음 전도를 위한 강력한 동기가 필요하다. 그중 가장 위대한 동기는 바로 하나님의 영광에 대한 열렬한 관심이다.

둘째, 우리는 우리가 전해야 할 메시지를 명확하게 이해해야 한다. 우리는 그러한 이해를 통해 하나님의 복음을 요약하여 전할 수 있다.

셋째, 우리는 하나님이 지명하신 복음 전도의 주체를 기억해야 한다. 그것은 바로 하나님의 교회다.

넷째, 우리는 복음 전도의 진정한 원동력은 하나님의 영이시라는 것과 그분이 없다면 우리가 아무 열매도 맺을 수 없다는 것을 상기해야 한다.

여러분이 복음 전도에 대한 이 네 가지 핵심 사항을 깊이 생각할 때 하나님이 복 주시기를 바란다.

런던에서
존 스토트

편집자 서문

교회의 복음 전도 사명이 가장 절실한 때일수록, 오히려 교회의 복음 전도 사역은 더욱 미비하고 무력해 보인다. 현대 교회는 그리스도의 복음을 전하고 사람들을 그리스도께로 인도하는 본래의 책임보다, 그 외의 다른 모든 일을 할 준비가 더 잘 되어 있는 것 같다. 전반적으로 볼 때, 교회가 복음 전도보다는 다른 영역(예를 들면 신학적 논쟁, 예배 의식 개혁, 사회봉사)에서 더 열심히 활동하고 있는 것이 사실이다. 정말 요즘은 복음 전도라는 말 자체가, 변질된 형태로밖에는 쓰이지 않는 것 같다. 어떤 진영에서는 복음 전도와 관련된 모든 것을 잘못된 회의주의와 의심의 눈초리로 바라보고 있다. 어떤 진영에서는, 자기들은 복음을 전한다는 것이 무엇인지 모르겠다고 거의 자랑에 가까울 정도로, 공개적으로 인정하고 있다. 또 어떤 진영에서는 회심의 필요성에 대해 의문을 제기하기도 하고 누군가를 회심시키는 것이 교회가 할 일이라는 것을 부인한다. 이런 와중에 어떤 진영은 적극적이고 의욕적인 복음 전도 대신 나약하고 인본주의적인 전도 형식을 취하고 있다.

이렇게 혼동과 주저함과 나약함이 난무하는 현실 속에서 이 책은, 교회를 향해 복음 전도의 비전을 회복하고 그 사명을 새롭게 시작하라고 강력히 도전한다. 그리고 이렇게 필수 불가결한 복음 전도에는 선포, 간증, 복음을 나누는 일 등이 포함되어야 한다고 말한다. 저자는 교회가 자신의 진정한 소명에 충실하고자 한다면 절대로 침묵할 수 없다고 확신한다. 그의 말대로, "복음 자체가 주장하는 대로 좋은 소식이고 그것이 우리에게 맡겨졌다면, 복음을 전하지 않는 것은 죄다." 이 책의 원제(*Our Guilty Silence*)도 그런 의미와 통한다.

본서는, 복음 전도를 자신의 사역 전체에 걸쳐 가장 중요한 위치에 놓은 저자가 썼다는 점에서 가치가 있다. 저자는 이 방면에서 놀라우리만치 폭넓은 경험을 가지고 있다. 그는 런던의 랭엄 플레이스에 있는 올 소울스 교회(All Souls Church)에서 오랫동안 교구 전도를 한 경험과, 세계 곳곳의 여러 대학에서 수차례 전도 집회를 했던 경험이 있다. 그는 자신의 사역과 경험에서 우러나온 절박한 어조로, 오늘날의 교회를 향해 모든 사역 중에서 가장 어렵고 가장 중요하며 가장 영광스러운 사역인 복음 전도에 대해 다시 한번 각성할 것을 촉구하고 있다.

필립 휴스 · 프랭크 콜쿤

서론

영국 교회는 상습적인 혼수상태에서 깨어나 복음 전도를 활성화하기 위해, 두 가지 중요한 시도를 한 바 있다. 전반적으로 이 두 가지는 전쟁으로 야기된 도전에 대한 응답이었다. 그러나 이 두 가지 시도는 실패로 끝났다.

그중 첫 시도는 사실 제1차 세계대전 중에 이루어졌다. 많은 영국인들은, 한편으로는 국제 관계의 갈등에서 오는 참사에 몸을 떨었고, 다른 한편으로는 교회의 부적실성과 무능함에 대해 고민하였다. 그래서 일단의 평신도 그룹이 램버스 대감독인 랜들 데이비드슨(Randall Davidson)을 찾아가, 전국적인 차원에서 무언가가 이루어져야 하지 않겠느냐고 호소하기에 이르렀다. 감독은 이에 대해 반대했다. 그러나 결국은 1916년 가을에, 그 이름도 거창한 '회개와 소망을 향한 전국 대회'라는 프로그램이 발족되었다. 엄청난 물량의 포스터와 소책자가 배포되었고, 각 교회와 야외 공간에서는 헤아릴 수 없이 많은 예배가 드려졌고 설교가 행해졌다. 전도 대회의 다섯 명의 위원장 중 하나였던 윌리엄 템플(William Temple)은 프로그램이 시작되기 전에 그의 형제에게 보낸 편지에 이렇게 적었다. "그저 교회의 트럼펫이나 열심히 불어 대서 그 덕에 여리고 성이 무너지길 바라는 사람들이 있다네. 하지만 세속성과 상업성이라는 오늘날의 여리고 성은 그런 것으로 무너뜨리기에는 기초가 너무나 견고하다고 생각한다네."[1] 이 행사를 통해 그의 말은 사실로 입증되었다.

1917년에 대감독들은 '교회 전도 활동 연구 위원회'를 결성하였다. 이 위원회는 적절한 복음 전도의 개념을 정리하고, 그 중요성을 강조하며, 전국 전도 대회의 결과를 재검토하여, "모든 교구에 전도 위원회를 설립할" 것을 종용하였다. 그러나 그러한 움직임도 결국은 조직 차원의 제안으로만 끝나 버리고 말았다.

영국 교회가 복음 전도에 다시 관심을 기울이게 된 것은 제2차 세계대전 때문이었다. 1943년 6월 23일, 영국 교회 협의회(Church Assembly)는 담대한 믿음으로 결의문을 통과시켰다. 당시는 연합군이 북아프리카에서 승리한 직후이자 북대서양에서 독일의 U-보트를 이긴 시기였다. 그러나 아직 히틀러가 시칠리아를 필두로 유럽 침공을 감행하기 17일 전이었으며, D-Day(제2차 세계대전 중 연합군이 프랑스 셰르부르에 도착한 날로 1944년 6월 6일 — 편집자)까지는 거의

1　F. A. Iremonger, *William Temple, Archbishop of Canterbury* (Oxford, 1948), p. 208.

1년이 남아 있었다. 결의문의 내용은 다음과 같다. "단호한 행동이 긴급히 요구된다는 사실을 절감하는 교회 협의회는, 대주교들에게 위원회를 구성할 것을 요구하는 바다.… 위원회는 현대 전도의 전체적인 문제를 조사하되, 특히 지역 사회 구성원 중 예배에 참석하지 않는 사람들의 영적 필요와 그들에게 편만한 지적 사고방식에 주목해 주기 바란다. 그리고 그들의 그러한 필요를 가장 효과적으로 채워 줄 수 있는 조직과 방법을 보고해 주기 바란다."

당시 캔터베리 감독이자 언제나 실상은 복음주의자였던 윌리엄 템플은 이에 즉각적으로 반응하였다. 크리스마스 때까지 훌륭한 위원회가 구성되어 쉰 명의 회원이 지명되었다. 로체스터 감독인 크리스토퍼 샤바스(Christopher Chavasse)가 회장직을 맡았다. 그 외 감독이 네 명, 다른 성직자가 스물네 명(그중 몇 명은 나중에 감독이 되었다), 평신도 남녀 스물한 명이 포함되어 있었다.

이 위원회의 개회 예배 때는 템플이 설교를 했다. 그는 복음을 제시하는 환경과 방법은 변할 수 있지만 복음 자체는 변하지 않으며, 복음 전도를 위해 첫째 가는 전제 요건은 교회 자체의 부흥이라고 강조하였다. 그는 이 위원회의 사역들이 끝나기 전에 세상을 떠났다. 그리고 그를 추도하여 헌정된 이 위원회의 보고서에는 그가 끼친 전반적인 영향이 잘 드러나 있다.

이 위원회의 위원들이 전시의 위험 가운데 과업을 추구해 나간 각고의 노력은 가히 찬탄할 만하다. 서문에는 런던 위원회가 "비행

폭탄이 날아오는 동안에" 모였던 사실과, 한번은 "위원 중 한 사람이 자신의 집이 잿더미가 되었다는 전화를 받고 집으로 달려가야 했다"는 사실이 적혀 있다.

이 위원회는 "성령으로 하나 되어 성령의 인도를 받고 있다는 분명한 느낌"을 증언하고 있다. 이들이 공인한 위원회의 목적은 "전도를 촉진하는" 것이었으며, 172면에 달하는 결의문은 현대 사회를 진단하고 복음을 요약 설명하며 "전 교회의 사도됨"을 논증하고 복음 전도와 복음 전도의 전 단계(pre-evangelism)에 취할 수 있는 다양한 방법과 수단을 기술하고 있다.

물론 이 보고서에 대해 비판이 전혀 없었던 것은 아니다. "기독교 회보"(*The Christian News-Letter*)에서 올드햄 박사(Dr. J. H. Oldham)와 세인트 폴(St. Paul)의 학장 매슈스 박사(Dr. W. R. Matthews)는 이 보고서의 분석들이 피상적이고, 그 어조도 부당하다고 생각될 만큼 낙관적이라고 지적하였다. 그럼에도 불구하고 사람들은 이 보고서를 열렬히 환영했다. "국제 선교 회보"(*International Review of Missions*)는 이 보고서가 "의심할 바 없이 영국 교회 전체에 새로운 희망이 주는 가슴 떨리는 기쁨을 안겨 주었다"고 말했다. "그리스도인"(The Christian)에서는 이 보고서가 "신기원을 이루는 문서가 될 것"이라고 표현하면서, 5주에 걸쳐 이에 대한 자세한 해설을 실었다. 심지어는 조심스러운 「타임스」(Times)조차도 "전체적으로 이 보고서의 가치는 의심할 여지가 없다"고 천명하였다.

더 나아가서 이 보고서가 출간된 1945년 6월 19일과 영국 교회 협의회에 제출된 11월 14일 사이에는, 히로시마와 나가사키가 원폭으로 초토화되면서 일본 제국주의 정부가 무조건 항복하고, 6년간의 전쟁이 종결되는 사건이 있었다. 영국에서는 윈스턴 처칠이 물러나고 클레멘트 애틀리(Clement Attlee)가 이끄는 노동당이 정권을 잡게 되었다. 사람들은 온통 전후 복구에 대한 이야기뿐이었고, 교회도 이런 분위기를 타고 있었다. 많은 교회 건물이 파괴되었고 교인들도 많이 죽고 흩어졌지만, 그때 영국 교회는 확신에 차서 미래를 내다보고 있었다.

따라서 영국 교회 협의회가 이 보고서를 논의하기 위해 회합을 가졌을 때는, 기대감에 차서 약동하는 분위기였다. "영국의 회심을 향하여"(*Towards the Conversion of England*)라는 보고서의 제목은 이 위원회의 관점, 즉 "대다수의 영국인은 기독교로 회심할 필요가 있다"와 "상당수의 교인들 역시 회심이 필요하다"는 관점을 표현하는 것으로,[2] 대담하고 솔직한 제목 때문에 대중의 호기심을 샀다. 교인들은 5개월 동안 이 보고서를 연구했으며, 3쇄까지 발행된 보고서는 이미 다 팔렸다. 로체스터 감독은 이 보고서를 소개하면서, 이것은 "교회 협의회가 지금까지 논의해 온 것들 중에서 가장 중요한 문서이며", 이것을 묵살해 버린다면 막심한 손해를 입

---

2   p. 37.

게 될 것이라고 말했다. 이 말에 동의하지 않을 사람은 아무도 없었다.

그러나 정말 우리는 이 재난을 피했는가? 교회 협의회는 꼬박 하루 동안 이 보고서에 대해 논의한 후, 만장일치로 부고서를 승인하고 각 교구 교회에 이것을 연구하고 실행에 옮기도록 추천하였다. 그리고 몇몇 훌륭한 전도 위원회들이 보고서 내용대로 시행하기를 바라는 마음으로, 그들에게 이것을 위탁하였다.

공식적인 보고서의 영향력을 측정한다는 것은 물론 잘 알려진 대로 어려운 일이다. 이 위원회가 직접적으로 또는 간접적으로 제시한 몇 가지 추천 사항이 결실을 맺은 점에 대해서는 감사해야 할 것이다. 교회 정보 센터 개선, 새로운(몇 가지 점은 불만족스럽지만) 교리 문답서 제정, 설교자 대학 설립, 목사들의 회합 증가, 삽화가 곁들여진 정기 간행물 출간 등이 이러한 예에 속한다.

그러나 전 교회와 목사와 평신도들이 전도를 위해 함께 움직일 것을 촉구한 이 보고서의 긴급한 요구는 어떤 결실을 맺었는가? 몇 가지 반향은 있었다. 1949년에는 야심찬 '런던을 위한 선교'가 있었고, 그 외의 다른 복음 전도 활동도 있었다. 그러나 전반적으로 말해서 나는 이 논제가 묵살되어 버렸으며 샤바스 감독이 두려워했던 대로 결국 사장된 것이 아닌가 두렵다. 우리는 "영국의 회심을 향하여"에서 한 발짝도 앞으로 나간 것 같지 않다. 오히려 그 반대다.

이 보고서는 복음 전도 사역에서 평신도가 담당해야 할 역할에 대해 말하면서, 전도의 여러 장애물 중 하나는 평신도의 과묵함, 즉 "하나님에 대해 말하는 것을 부끄럽게 여기는 것"에 있다고 언급하였다. "'침묵하는 성도들'의 교회를 양산해 내는 영국인의 이 전통적인 과묵함을 깨뜨리는 것이 얼마나 중요한지는 아무리 말해도 지나치지 않다. 이 표현을 만들어 낸 목사 윌슨 칼라일(Wilson Carlile)은 이렇게 선언했다. '나는 인생에서 무엇보다도 가장 큰 문제와 씨름하게 되었다. 그것은 회중석에 앉아 있는 사람들의 입을 열게 만드는 일이다.'"³

그런 침묵이야말로 죄(guilty silence)라는 것이 바로 이 작은 책자의 주제다. 물론 "잠잠할 때"가 있는 것은 사실이다. 그러나 "말할 때"가 있는 것도 사실이다.⁴ 진정으로 복음이 그 주장하는 바대로 "좋은 소식"이라면 그리고 그 복음이 우리에게 맡겨져 있다면, 그것을 다른 사람들에게 전달하지 않는 것은 죄를 짓는 것이다. 시리아 군대가 도망간 것을 발견한 사마리아의 나병환자들처럼, 우리는 우리의 죄를 깨닫고 이렇게 말해야 할 것이다. "우리가 이렇게 해서는 아니되겠도다. 오늘은 아름다운 소식이 있는 날이거늘 우리가 침묵하고 있도다."⁵

---

3   pp. 51-53.
4   전 3:7.
5   왕하 7:9(예루살렘 성경 역본).

그렇다고 이 죄가 평신도에게만 있는 것은 절대로 아니다. 우리 목사들 중 많은 이들도 입이 붙어 버렸다. 최근에 내가 경험한 사례를 하나 이야기해 보겠다. 나는 이 책을 쓰기 위해 남부 웨일스에 있는 펨브룩셔의 한적한 곳(존 스토트의 집필실이 있는 곳―옮긴이)을 향해 출발했다. 나는 침대 기차를 탔는데, 침대가 두 개 있는 방을 젊은 토지 관리인과 함께 쓰게 되었다. 그는 위층 침대를 사용했다. 아침에 그는 세수 준비를 하다가 그만 세면도구들을 바닥에 떨어뜨렸다. 그는 그리스도의 이름을 함부로 사용하며 짜증을 냈다(영어에서 'Jesus'는 '제기랄'과 같은 말로 쓰인다―옮긴이). 나는 아무 말도 하지 않았다. 사실 나는 정말 침묵하고 싶은 유혹을 느꼈다. 그럴싸한 핑계가 머릿속에서 맴돌았다. '내가 상관할 바 아니잖아.' '내가 저 사람한테 무슨 책임이 있는 것도 아닌데.' '저 사람은 날 비웃기만 할 걸.' 그런데 나는 바로 전날 저녁에 교회에서 에베소서 4:26-27을 가지고 설교를 했었다. "분을 내어도 죄를 짓지 말며." 나는 의분과 달콤한 합리성이라는 겉모습에 대해서 이야기하면서, 때로는 달콤한 합리성 속에 도덕적인 소심함이나 타협을 감출 수 있다고 말했다. 내가 나 자신과 싸우며 기도하는 동안 내면에서는 갈등이 일어났다. 결국 10분쯤 지나자 말을 걸 용기가 생겼다. 비록 그의 즉각적인 반응은 별로 호의적이지 않았지만, 나는 그가 욕설로 사용한 예수님에 대해 증언할 수 있었으며, 그에게 전도용 소책자를 한 권 주었다.

이런 사소한 사건은 수천 번이라도 일어날 수 있다. 우리가 우리 주 예수 그리스도를 이야기할 수 있는 기회는 끊임없이 생기는데, 우리는 자신의 편안함만 고집하고 있다. 그리고 이러한 현실은 신자 개개인뿐 아니라 모든 교회에서도 마찬가지이며, 이는 교회를 무력하게 만드는 것으로 보인다.

우리가 이렇게 침묵하는 죄를 범하게 되는 원인은 무엇인가?

이유가 너무나 많아서, 이 질문에 답을 하려다가 지나치게 대답을 단순화시킬 우려가 있다. 그러나 나는 네 가지 주된 이유가 있다고 믿는다. 즉, 말이라도 붙여 보려는 강력한 동기가 없든지, 무엇을 말해야 할지 모르든지, 전도가 우리가 해야 할 일이라는 확신이 없든지, 능력의 근원을 잊어버려서 할 수 있다는 확신이 없든지 이유는 이 네 가지 중 하나다.

이 네 가지 요인과 그에 대한 개선책이 이 책의 내용이다. 첫째로, 우리는 전도의 가장 커다란 동기인 하나님의 영광을 드러내려는 마음에 대해 살펴볼 것이다. 그다음으로는 복음 전도의 내용인 하나님의 복음을 간략히 설명하고자 한다. 세 번째로는 복음 전도의 주체인 하나님의 교회에 대해 검토할 것이며, 마지막으로는 복음 전도에서 유일하고 참된 원동력이 되시는 하나님의 영에 대해 생각해 볼 것이다.

앞에서 이미 그랬던 것처럼 이 책 곳곳에서 나의 개인적인 전도 경험을 언급할 텐데, 그것은 전반적으로 두 가지 종류로 한정되어 있다. 하나는 지역 교회(런던의 웨스트엔드 지역 랭함 플레이스에 있는 올소울스 교회)에서 정규적으로 행한 교구 전도로서, 나는 목사 안수를 받은 후 25년간 이 교회를 섬긴 것을 큰 특권으로 여기고 있다. 다른 하나는 세계 곳곳에 있는 대학에서 전도 집회를 하면서 대학생을 전도한 것이다. 나는 두 가지 유형 모두 어느 정도는 전형적이지 않다는 것을 알고 있다. 그러나 내가 여기서 제시하고자 하는 기본 원칙들은 보편적으로 적용할 수 있다고 믿는다.

개인적인 관점에서 글을 쓰는 데는 항상 위험 부담이 따른다. 나는 하나님 앞에서 정직하고자 노력할 것이며, 사실 성공 사례도 전혀 없다. 그러나 나는 성경과 사역이라는 두 가지 근원, 즉 성경에 대한 사려 깊은 연구와 사역을 하며 발전된 경험을 통해 얻은 깊은 확신을 가지고 이 글을 쓰는 바다.

이 글을 준비하는 동안 나는 또한 우리 교회 회중의 도움을 구했다. '위임받은 사역자들'에 속한 교인과 '공동체 모임'에 속한 교인에게 설문지를 돌려서, 그들의 회심에 대해 상세한 내용을 알 수 있었다. 다양한 배경을 가진 다양한 연령층의 교인 105명이 설문에 응해 주었다. 이들의 협력에 감사하는 바다. 책장을 넘기면서 설문 조사에서 수집한 내용을 일부 보게 될 것이다.

1장

하나님의 영광: 복음 전도의 동기

대부분의 사람은 이야기하기를 좋아한다. 어떤 이들은 도대체 말을 멈출 줄 모른다! 그런데 그렇게 청산유수 같은 우리의 대화가 종교에 대한 주제로 넘어가면 갑자기 메말라 버리는 이유는 대체 무엇인가? 그리스도인으로서의 확신과 경험이 별로 없어서 침묵하게 되는 경우도 종종 있다. 그러나 복음에 대한 확신을 갖고 있고 우리 자신의 삶 속에서 그 능력을 알고 있을지라도, 우리는 수줍음이나 인습적인 금기, 아니면 우스갯거리가 되거나 퇴짜 맞을지도 모른다는 두려움 때문에 침묵한다. 오직 복음 전도에 대한 강력하고 적극적인 동기만이 우리로 하여금 이러한 저항 세력을 이기도록 할 수 있을 것이다.

생산성을 증대시키는 데 관심이 많은 정치인, 경제학자, 고용주들은 동기(incentive)의 문제에 많은 관심을 기울인다. 이런 사람들의 연구의 배경에는 종종 훌륭한 신학 이론이 자리 잡고 있다. 이들은 인간이란 타락한 존재여서 쉽게 게을러지는 경향이 있으며, 동시에 인간은 이성적인 존재라서 자기가 해야 할 일에 대해서만 아니라 그 일을 해야 하는 이유에 대해서도 알아야 한다는 점을 잘 인식하고 있는 것 같다. 산업체, 사업체, 공공 서비스 분야에서는 인간에 대한 기독교 교리가 암암리에 적용되고 있다. 일반적인 동기 유발 방식이 인간의 자기 이익에 잘 부응하는 형태로 이루어져 있다는 점에서 그러하다. 더 좋은 업무 조건, 더 높은 급여, 더 많은 상여금, 더 충분한 연금, 더 긴 휴가 등 매력적인 보상이 제시된다.

복음 전도에도 동기가 필요하다. 복음 전도는 어렵고 위험스런 일이기 때문이다. 복음 전도는 손에 손을 맞잡고 있는 적들과 얼굴을 마주하고 직면하는 일이다. 복음을 전하려면 우리는 세상의 최전방에 서야 하며, 적의 역공을 당할 위험에 노출된다. 어떤 사람들은 적절한 동기가 없어서 전도를 시작조차 하지 않는다. 또 전도를 시작하기는 했으나 점점 자신이 없어져서 결국 포기해 버린 사람들도 있다. 이런 사람들은 새로운 동기가 필요하다. 어떤 사람들은 잘못된 동기에 이끌렸기 때문에 시작부터 잘못된 경우도 있다. 교회는 이제 잘못된 동기는 모두 소멸시키고 올바른 동기들로 활활 타올라야 할 것이다.

순종과 사랑

그리스도인으로 하여금 적극적으로 복음을 증언하게 하는 힘은 무엇인가? 가장 기본적인 동기는 단순한 순종이다. 모든 그리스도인은 그리스도의 종이다. 그리스도인은 "값으로 산 것"이 되었으며,[1] 따라서 이제는 감사 어린 순종의 계약으로 주인에게 묶여 있는 존재다. "그리스도의 사랑이 우리를 강권하신다." 이제 우리는 그리스도의 손안에 있다. 사실 우리의 새 생명은 전적으로 그리스도의 죽으심에 힘입은 것이기 때문에, 그분의 사랑이 우리를 속박하고 있으며 그분을 위해서 사는 것 외에는 '다른 선택의 여지가 없다.'[2] 그리스도를 위해 살기를 원하다 보면, 그분의 뜻을 행하고 그분의 명령을 빠짐없이 지키는 일에 관심을 갖게 된다. 우리는 신중하게 고를 자유가 없다. 그러기를 바라지도 않는다. 따라서 우리는 그분의 마지막 명령인 "가서 모든 민족을 제자로 삼[으라]"는 명령을 간과할 수 없다.[3]

이렇게 순종을 강조하는 것은, 이미 우리가 복음 전도를 내켜하지 않는다는 의미를 함축하는 것이라고 생각할 수도 있다. 그러나 그렇지 않다. 순종은 사랑의 열매요 증언일 뿐 아니라, 특히 복

---

1 고전 6:20; 7:23.
2 고후 5:14, 15(RSV역본과 NEB 역본).
3 마 28:19.

음을 전하라는 명령에서는, 명예로운 특권이다. 왜냐하면 하나님의 부르심은 세상에서의 하나님의 사역을 함께하자는 것이기 때문이다. 첫째로, 그분은 자신의 아들을 보내셨다. 그 후 자신의 영을 보내 주셨다. 이제 그분은 자신의 교회를 보내시는데, 그 교회가 바로 우리다. 그분은 자신의 영을 통해 우리를 자신의 세상에 보내셔서 그 아들이 이루신 구원을 선포하라고 하신다. 구원을 성취하시기 위해 그분은 자신의 아들을 통해 일하셨다. 그리고 그 사실을 알리기 위해서 우리를 통해 일하신다.[4]

하나님과 그리스도를 향한 사랑 어린 순종이 복음 전도의 첫 번째 동기라면, 인간을 향한 애정 어린 관심은 두 번째 동기라고 할 수 있다. 이웃을 사랑하는 것은 그에게 가장 좋은 것으로 섬기는 것이다. 이 부분은 다음 장에서 좀 더 자세히 설명할 것이다. 지금으로서는 인간에게 지고선은 단순히 의식주가 해결된 상태 이상임을 언급하는 것으로 충분할 것이다. 심지어 심신의 건강이나 사회와 조화를 이루는 삶조차도 인간의 지고선이 아니다. 인간의 지고선은 그 사람과 하나님―사람은 하나님의 형상을 따라 지어졌다―의 관계에 달려 있다.

이는 사람은 떡으로만은 살 수 없는, 근본적으로 영적인 존재이기 때문이다. 인간에게는 사람이 주는 떡으로는 만족할 수 없는

---

4 고후 5:18("그리스도로 말미암아")과 5:20("우리를 통하여")을 보라.

더 깊은 배고픔이 있다. 우리가 이 사실을 안다면, 또한 우리가 "하늘로부터 참 떡"[5]을 가르쳐 주는 복음을 알고 있다면, 그를 굶주림에 시달리도록 그냥 놓아두면서 사랑한다고 말할 수는 없을 것이다. "만일 형제나 자매가 헐벗고 일용할 양식이 없는데 너희 중에 누구든지 그에게 이르되, '평안히 가라, 덥게 하라, 배부르게 하라' 하며 그 몸에 쓸 것을 주지 아니하면 무슨 유익이 있으리요."[6] "쓸 것"이 몸에 필요한 것이 아니라 영혼에 필요한 것이라면, 문제는 훨씬 더 심각해진다. 이 말은 인간이 육체와 영혼으로 이루어진 온전한 인격이라는 사실을 망각해도 된다거나, 인간의 육체적인 필요는 무시해도 좋다는 말이 아니다. 이는 어떤 구실이 있든 간에 이웃의 영적인 필요를 무시하면서 그를 사랑한다고 주장할 수는 없다는 말이다. 그런 무심함은 무책임한 범법 행위다. 침묵으로 복음을 억누르는 것은 죄를 짓는 것이다.

순종과 사랑이라는 동기도 매우 강력하기는 하지만, 그렇다고 이 둘이 복음 전도의 가장 강력한 동기라고 할 수는 없다. 가장 강력한 동기는 사도 바울과 요한에게서 배울 수 있다. 로마서 서두에서 바울은 자신이 예수 그리스도께로부터 받은 사도직의 다양한 면을 서술하면서, 모든 민족을 향한 자신의 선교는 "그의 이름

---

5 요 6:32.
6 약 2:15-16.

을 위하여" 하는 것이라고 쓰고 있다.[7] 그리고 요한도 "주의 이름을 위하여" 나아간 선교사들을 언급하고 있다.[8] 여기서 소유격이 누구를 가리키는지는 분명히 밝혀져 있지 않지만, 쉽게 추측할 수 있다. 그것은 바로 가장 높으신 예수의 이름을 말한다. "그 이름을 위하여 능욕 받은 일"을 자랑스럽게 여겼던 초기 그리스도인들은[9] 이와 같은 명분으로 복음 전하는 일에 열심이었다. 심지어는 그리스도의 명령에 대한 사랑과 그분의 잃어버린 양들을 향한 사랑조차 그리스도의 이름에 대한 사랑에 종속되고 의존하는 것이다.

그분의 이름에 대한 사랑은 그분의 인간적인 이름이었던 '예수'나 공식적인 이름인 '그리스도', 혹은 성경에 명시되어 있는 다른 어떤 이름에 대해 느끼는 감상적인 애착이 아니다. 그것은 이 세상에서 그분이 영예로워지기를 바라는 마음이며, 다음과 같은 우리의 기도가 이루어지기를 바라는 간절한 갈망이다. "여호와여, 영광을 우리에게 돌리지 마옵소서. 우리에게 돌리지 마옵소서.···주의 이름에만 영광을 돌리소서."[10] 그것은 성부 하나님이 그를 "모든 이름 위에 뛰어나게 하시고"[11] 실로 "모든 이름 위에 뛰어난 이름을 주사", 그의 가장 높은 지위와 위엄 앞에서 "모든 무릎을 예수의

---

7 롬 1:5.
8 요삼 7절.
9 행 5:41(NEB 역본). 여기서 표현된 말은 *huper tou onomatos*로서 똑같다.
10 시 115:1.
11 엡 1:21.

이름에 꿇게 하시고 모든 입으로 예수 그리스도를 주라 시인"[12]하게 하셨다는 인식이다.

질투하시는 하나님

성경에서는 하나님과 그리스도의 이름을 향한 이런 사랑을 늘 '질투'라는 용어로 표현하고 있으며 이에 대해 많은 사람이 놀라고 심지어 충격을 받기도 한다. 어떤 교인들은 성찬식 때 십계명을 읊다가 제2계명에서 "나 네 하나님 여호와는 질투하는 하나님인즉"이라는 말에 당혹스러워하기도 한다. 이들은 똑같은 성경에서 처음에는 하나님에 대해서 "자비롭고 은혜[로운]…하나님"이라고 서술하고 나서 그다음에는 하나님을 "질투라 이름하는 질투의 하나님임이니라"라고 말하다니 납득이 되지 않는다고 생각한다.[13] 성경에서 질투는 엄청난 죄악으로 정죄되고 있다. 우리는 독서와 경험을 통해서 질투가 얼마나 인간성을 왜곡시키고 공동체를 파괴하는지 잘 알고 있다. 사도 바울은 질투를 "육체의 일", 즉 우리의 죄된 본성이 빚어낸 결과 중 하나로 제시하고 있다.[14] 그렇다면 질투가 어떻게 거룩한 하나님의 속성이 될 수 있겠는가? 그분의 이름은 어

---

12 빌 2:9-11.
13 출 34:6, 14.
14 갈 5:19-20.

떻게 '거룩'인 동시에 '질투'일 수 있단 말인가?[15] 이것은 성경의 모순이므로 제해 버려야 하는 것인가, 아니면 다른 해석의 여지가 있는 것인가?

'질투'라는 단어가 하나님의 속성도 지칭하고 인간의 죄도 지칭할 수 있다는 사실은 확실히 낯설다. 하지만 그럴 수 있는 이유는 질투라는 것이 그 자체로는 중립적이기 때문이다. 질투가 선한 것이냐 악한 것이냐는 질투가 일어나는 상황에 달려 있다. 질투의 핵심은 경쟁자를 참아 내지 못하는 것이다. 경쟁자가 존재하는 것이 합법적이냐 아니냐에 따라 질투는 덕목일 수도 죄일 수도 있다. 사업이나 운동 경기에서 경쟁은 당연히 합법적이다. 가게 주인은 자신의 사업을 위협하는 다른 가게가 성공한다고 해서 분개할 권리가 없다. 그는 지역 상권에서 자신의 독점권을 주장할 수 없기 때문이다. 마찬가지로 운동선수는 경기에서 졌다고 해서 원한을 품거나 질투할 수 없다. 그는 승리가 당연히 자신의 것이라고 주장할 권리가 없기 때문이다. 그가 자기의 직업 영역에서 품는 질투는 다만 상처 입은 허영일 뿐이다.

그러나 결혼 관계에서 질투는 전혀 다른 문제다. 결혼 관계는 영원히 배타적인 관계이기 때문이다. 남편과 아내는 둘 다 엄숙하게 선서했다. "다른 사람들은 모두 배제하고", 살아 있는 동안은 배

---

15   사 57:15; 출 34:14.

우자에게만 충실하겠노라고 말이다. 그러므로 그들의 결혼 생활에서 각 배우자는 경쟁자를 참아 주지 않을(혹은 참아 주지 말아야 할) 것이다. 만약 제3자가 결혼 생활에 끼어든다면, 상처 입은 쪽에서는(그가 아내든 남편이든) 질투할 권리가 있다. 그런 경우에 경쟁자를 참아 주는 것은 오히려 죄다.

성경에서 질투하시는 하나님이라는 말은 하나님이 이스라엘을 자신의 신부로 선택하셨다는 맥락에서 언급된다. 하나님이 이스라엘과 맺으신 언약은 결혼 관계의 언약이었다. 그리고 하나님의 청혼을 받아들인 이스라엘은 하나님께 완전한 정절과 순종을 드려야 했다. 그래서 이스라엘이 가나안 신인 바알에게 꼬리를 친 행위는 영적 간음이며 심지어는 음란한 매춘 행위로서, 언약을 깨는 것이었다. 이스라엘의 하나님이 분노와 질투를 발하신 것은 바로 이런 행위 때문이었다고 성경은 말하고 있다.[16]

하지만 하나님의 질투의 근거는 하나님이 이스라엘과 맺으신 언약 관계보다 더 광범위하다. 단순히 언약 관계 때문이라면, 하나님은 인류 전체를 질투하시지는 않을 것이다. 모든 형태의 우상숭배는 그 우상이 무엇이든 간에 하나님의 질투를 촉발시킨다. 단지 언약이 아니라, 창조가 질투의 근거다. 하나님의 이름 자체가 '질투'인 이유는 그분이 이스라엘의 하나님이기 때문이 아니라, 그분이

---

16   참조. 바울은 고후 11:1-4에서 질투심을 결혼 관계에 비유해서 설명하고 있다.

하나님 즉 유일하게 참되며 살아 계신 하나님이시기 때문이다. 만일 그분이 하나님이시며 그분만이 인간의 유일한 창조자이자 주인이시라면, 그분은 우리의 예배를 독점하실 권리가 있으며, 우리가 신이 아닌 우상들에게 오도될 때 당연히 '질투하실' 수 있다. "나는 여호와라. 나 외에 다른 이가 없나니 나밖에 신이 없느니라." "나 외에 다른 신이 없나니 나는 공의를 행하며 구원을 베푸는 하나님이라. 나 외에 다른 이가 없느니라. 땅의 모든 끝이여, 내게로 돌이켜 구원을 받으라. 나는 하나님이라. 다른 이가 없느니라. 내가 나를 두고 맹세하기를 내 입에서 공의로운 말이 나갔은즉 돌아오지 아니하나니 내게 모든 무릎이 꿇겠고 모든 혀가 맹세하리라 하였노라."[17] 하나님은 유일하시고 홀로이시라는 사실 때문에, 모든 무릎과 혀에게 충성할 것을 요구하시는 그분의 요구는 정당하며, 이것이 시행되지 않을 때 그분이 질투하시는 것도 정당하다. "나는 여호와이니 이는 내 이름이라. 나는 내 영광을 다른 자에게, 내 찬송을 우상에게 주지 아니하리라."[18]

유일신 사상은 선교에서 가장 핵심적인 근거다. 하나님이 "모든 사람이 구원을 받으며 진리를 아는 데에 이르기를" 원하시는 가장 중요한 이유는, "하나님은 한 분이시요 또 하나님과 사람 사이에 중보자도 한 분이시니 곧 사람이신 그리스도 예수라. 그가 모든 사

---

[17] 사 45:5, 21-23.
[18] 사 42:8.

람을 위하여 자기를 대속물로 주셨[기]" 때문이다.[19] 이 구절의 논리는 '모든 사람'과 '하나님 한 분' 사이의 관계에 있다. 우리가 '모든 사람'의 충성을 추구하는 이유는, 오직 '하나님 한 분'만 계시며 그들과 하나님 사이에 '중보자도 한 분'이시기 때문이다. 하나님의 단일성과 그리스도의 유일무이성이 없다면, 기독교 선교는 존재할 수 없을 것이다.

성경이 계속해서 말하는 바는 다음과 같다. 즉 하나님이 '질투하시는' 것이 정당하며 그분의 이름에 마땅히 돌려야 할 영광을 돌리지 않고 우상에게로 돌아서 버린 인간의 사악함을 거부하고 반대하시는 것이 정당하다면, 그분의 백성 역시 그분의 질투에 공감해야 한다는 것이다. 사실 이런 예는 신구약 모두에서 찾아볼 수 있다. 엘리야는 동족 중에 바알에게 절하지 않은 사람은 자기 혼자뿐이라고 오해했지만, 그가 한 말은 옳았다. "내가 만군의 하나님 여호와께 열심이 유별하오니(영어로는 jealous라고 번역되어 있다—옮긴이), 이는 이스라엘 자손이 주의 언약을 버리고."[20] 당시 왕비 이세벨은 자기 아버지의 종교인 페니키아의 종교를 이스라엘에 들여왔다. 그녀가 끼친 악영향 때문에 많은 이스라엘 백성이 야웨에 대한 충절을 버렸다. 그들의 배교 때문에 하나님이 질투하신다면, 하나님의 예언자인 엘리야 역시 질투를 느끼게 되어 있었다.

---

19 딤전 2:4-6.
20 왕상 19:9-18.

신약에서 이와 가장 근접한 경우는 아테네를 방문한 바울에게서 엿볼 수 있다. 고대 그리스의 영광의 중심에 홀로 선 이 위대한 그리스도인 사도의 마음에 무언가 느껴졌다. 그는 아마 도시를 이리저리 배회하며 유명한 건축물들을 둘러보았을 것이다. 그러나 그에게 충격을 준 것은 도시의 아름다움이 아니라 우상숭배였다. "그 성에 우상이 가득한 것을 보고 마음에 격분하여."[21] 그가 느낀 분노는 영혼의 '발작'으로서, 마음을 아주 깊이 찌르는 감정이었다. 여기서 누가가 사용한 동사는 칠십인역 성경에서 하나님이 분노와 질투를 '격발하셨다'고 말할 때 쓰는 바로 그 단어다. 그리고 하나님이 이스라엘을 향해 격발하신 이유와 바울이 아테네를 향해 격발한 이유는 정확히 똑같은 것이다. 아테네가 우상에게 드리는 예배를 보면서 바울의 마음은 거룩한 질투로 끓어올랐다. 그래서 그는 '변론하였다.'[22] 회당에서는 경건한 사람들에게, 저자 거리에서는 지나가는 행인들에게, 아레오바고에서는 철학자들에게, 이 사도는 복음을 설득력 있고 끈질기게 전했다. 이교도의 우상숭배로 더럽혀진 하나님의 이름과 그리스도의 이름을 향한 질투심 때문에, 그는 복음 전도에 열정을 품었다. 사실 '질투'(jealousy)와 '열정'(zeal)은 같은 단어다.[23] 아테네 사람들이 알지 못하고 예배했던,

---

21　행 17:16.
22　행 17:17.
23　그것은 바로 *Zēlos*라는 단어다. 하나님의 전을 향한 예수님의 '열심'(zeal)은 근본적으로 하나님의 명예와 영광을 향한 '질투'(jealousy)였다.

혹은 사실상 우상을 숭배함으로써 거부했던 하나님을 제대로 알고 영광 돌리기를 바라는 마음이 그에게서 불타올랐다.

성경에서 기독교 선교의 역사로 눈을 돌려 보면, 그리스도의 가장 위대한 대사들에게서도 이러한 동기가 지배적이었음을 발견하게 된다. 그들의 마음이 뜨거워진 것은 단지 그리스도의 명령에 대한 겸손하고도 감사에 찬 순종 때문만이 아니었다. 죽어 가는 많은 사람들을 향한 비전 때문도 아니었다. 그보다는 그리스도의 이름을 사랑하는 열정 때문이었다.

내가 알고 있는 최고의 실례는 헨리 마틴(Henry Martyn)의 전기에 나온다. 그는 케임브리지 대학의 수학 학위 시험 제1급 합격자였으며 그 후 세인트 존스 대학의 특별 연구원이 되었지만, 학술 활동에는 등을 돌리고 선교 사역에 발을 들여놓았다. 2년 후인 1805년 7월 16일에는 인도로 떠나는 배에 몸을 실었다. 그는 콜카타의 버려진 힌두교 사원에서 살면서 "하나님을 위해 이 한 몸 불사르게 하소서"라고 부르짖었다.[24] 그리고 그는 사람들이 우상 앞에 엎드려 있는 것을 보고는 이렇게 썼다. "이런 모습을 보면 말로 표현할 수 없을 만큼 소름이 끼칩니다."[25]

후에 그는 시라즈(Shiraz)로 이사하여 신약성경을 페르시아어

---

[24] Constance E. Padwick, Henry Martyn, *Confessor of the Faith* (I.V.F., 1953), p. 87.
[25] 앞의 책, p. 89.

로 번역하는 일에 열심을 냈다. 많은 모슬렘 방문객이 그를 찾아와서 종교에 관한 대화를 나누었다. 그는 평온이 몸에 밴 사람이었지만, 누구든지 그의 주님을 모욕하는 순간 그는 평온을 잃고 말았다. 한번은 이런 말이 나돌았다. "아바스 미르자 왕자가 그리스도인을 너무 많이 죽여서, 네 번째 하늘에 있는 그리스도가 마호메트의 옷자락을 붙잡고 제발 좀 말려 달라고 애원했다." 꾸며 낸 이야기였다. 그리스도가 마호메트에게 무릎을 꿇은 것이었다. 마틴은 어떤 반응을 보였겠는가? "나는 이런 신성 모독에 온 영혼이 찢어지는 것 같았다." 그가 이렇게 당혹스러워하는 것을 본 방문객은, 왜 그렇게 불쾌해하느냐고 물었다. 마틴은 이렇게 대답했다. "예수님이 영광을 받으시지 않으면 나는 나의 존재 자체를 견뎌 낼 수가 없습니다. 이런 식으로 예수님이 불명예를 당하신다는 것은, 제게는 지옥입니다." 이 모슬렘 방문객은 아연실색하면서, 그 이유가 무엇이냐고 다시 물었다. 마틴은 대답했다. "누가 당신의 눈알을 빼 버린다면, 당신이 느끼는 고통에 대해서 왜냐고 물을 필요가 있겠습니까? 그건 그냥 느낌으로 오는 것이니까요. 저는 그리스도와 한 몸이기 때문에, 그런 불명예는 저 자신에게 엄청난 상처를 준답니다."[26]

나는 이러한 마틴의 글을 읽을 때마다 나 자신을 꾸짖지 않을

---

26 앞의 책, p. 146.

수 없다. 나는 그리스도의 명예를 향한 이런 열정적인 사랑이나, 쓰라린 고통을 느끼지 못하기 때문이다. 오늘날의 교회에서도 이런 모습은 많이 찾아보기 힘들다는 생각이 든다. 하지만 이것이야말로 우리가 침묵의 죄를 짓게 되는 원인이 아니겠는가? 우리는 사람들이 그분을 알지 못하고 그분을 사모하지 않는 것을 못 견딜 정도로 그분의 이름을 사랑하지 않기 때문에, 그분에 대해 말하지 않는 것이다. 우리의 눈이 열려 그분의 영광을 보기만 한다면, 그분이 공적으로 모욕을 당하실 때 우리가 수치심에 마음 아파하기만 한다면, 우리는 그저 침묵하고 있을 수만은 없을 것이다. 오히려 사도들이 했던 말을 우리도 다시 할 것이다. "우리는 보고 들은 것을 말하지 아니할 수 없다."[27]

예배와 증거

하나님의 영광을 향한 이러한 동기는 예배와 복음 증거를 연결해 주는 고리다. 교회의 역할 중 하나인 예배와 복음 증거를 따로 떼어서 생각하는 것은 잘못된 것이다. 예배와 증거는 서로에게 속해 있다. 더글러스 웹스터(Douglas Webster) 교수는 "초대 교회의 가장 큰 관심사 두 가지는 하나님과 이방인들, 즉 예배와 증거였다"고

---

27 행 4:20.

쓴 바 있다.[28] 현대 교회도 이 두 가지를 첫째 가는 임무로 삼아야 할 것이다. 이제 이 두 가지가 어떻게 서로 불가피하게 관련되어 있는지 살펴보기로 하자.

첫째로, 예배는 증거를 포함한다. 이 두 가지를 하나로 묶어 주는 요인은 바로 하나님의 이름이다. 왜냐하면 예배란 '그의 거룩한 이름을 자랑하는 것'이며, 그 이름을 '찬양하고' '축복하고' '경외하는' 것이 아니고 무엇이겠는가?[29] 그리고 증거란 바로 다른 사람들에게 "여호와의 이름을 전파"하는 것이 아니겠는가?[30] 이런 표현들은 시편에 많이 나오며, 예배와 증거가 적절히 조화를 이루는 모습은 시편에서 가장 쉽고도 분명하게 발견할 수 있다.

하나님은 이스라엘에게 자신의 이름, 즉 자신의 성품과 뜻을 계시하셨다.[31] 계시란 본질적으로 하나님의 이름이 알려지는 것이다. 이것은 모세와 선지자들을 통해서 시작되었고 예수 그리스도를 통해서 완성되었다. 그리스도는 "세상 중에서 내게 주신 사람들에게 내가 아버지의 이름을 나타내었나이다"라고 말씀하셨다.[32] 이제 하나님의 이름은 '거룩하다'는 말로 종종 표현되는데, 이 말은 '떨어져 있다', 모든 이름과 구별되며 그 위에 있다는 의미다. 실로 하

---

28 *What is Evangelism?*, p. 43. 그리고 *Local Church and World Mission*, p. 73.
29 시 105:3; 참조. 시 113:1-4; 145:1-2; 말 2:5.
30 신 32:3; 참조. 시 22:22; 45:17; 96:2-3.
31 예를 들면, 출 33:19; 34:5-8.
32 요 17:6.

나님의 이름의 거룩함 혹은 유일무이성만이 인간이 드리는 예배의 유일한 대상이 된다. 그리고 인간이 하나님의 이름의 거룩함을 인식하면 할수록, 인간은 하나님이 그 사실을 입증해 주셔서 다른 모든 사람도 하나님을 예배드리러 나아오게 되기를 더욱 갈망하게 된다.[33] "여호와의 이름을 찬양할지어다. 그의 이름이 홀로 높으시며 그의 영광이 땅과 하늘 위에 뛰어나심이로다."[34] 예배(worship)는 '가치를 아는 것'(worth-ship), 전능하신 하나님의 가치를 인정하는 것이다. 그리고 하나님의 가치는 절대적이다. 이것이 내게 사실이라면, 다른 모든 사람에게도 사실인 것이다. 그러므로 자기는 하나님을 진정으로 예배하면서, 다른 사람들이 하나님께 예배드리는 것에 대해서는 전혀 상관하지 않는다는 것은 불가능한 일이다. 우리가 "이름이 거룩히 여김을 받으시오며"라고 신실하게 기도한다면, 하나님의 증인이 되지 않을 수 없다. 거룩히 여김을 받기 원한다고 고백한 바로 '그 이름을 위해서' 말이다.

그러므로 최초의 선교 여행이 배태된 것이 예배 시간 중이었다는 사실은 그리 놀랄 일도 아니다. "주를 섬겨(영어 성경에는 worship이라고 되어 있다—옮긴이) 금식할 때에 성령이 이르시되 내가 불러 시키는 일을 위하여 바나바와 사울을 따로 세우라 하시니."[35] 선교

---

[33] 겔 36:22-23.
[34] 시 148:13; 참조. 시 113:3.
[35] 행 13:2-3.

로 이어지지 않는 예배는 위선이다. 우리는 하나님의 가치를 전하는 것은 원치 않으면서 그 가치를 환영한다고 말할 수 없다.

누구든 1865년 6월 브라이턴(Brighton)에서 허드슨 테일러(Hudson Taylor)가 느꼈던 바에 공감할 수 있을 것이다. 그는 중국 선교의 부담을 얼마나 크게 느꼈던지, 자기만족에 젖어서 찬송가를 부르고 있는 회중을 도저히 참을 수가 없었다. 그는 주변을 둘러보았다. "회중석마다 장사를 잘하는 수염 기른 상인들, 가게 주인들, 방문객들, 페티코트를 넣은 치마에다 모자를 쓰고 새침하게 있는 부인네들, 말갛게 씻은 얼굴에 좀이 쑤시는 것을 잘 참도록 교육받은 아이들이 앉아 있었다. 그는 점잔빼고 있는 경건한 분위기에 넌더리가 났다. 그는 모자를 들고 예배당을 나와 버렸다. '수백만 명이 하나님을 알지 못해 죽어 가고 있는데, 천 명도 넘는 회중이 자기들의 안위에만 빠져 즐거워하는 모습을 더 이상 참고 볼 수가 없었던 나는, 엄청난 영적 고뇌에 빠져 모래밭을 배회하고 있었다.'" 그리고 그 해변에서 그는 "스물네 명의 숙련된 노동자들이 자원해 주기를" 기도하였다.[36]

누구든 심지어 소위 '종교성 없는 기독교'의 이러한 면에 대해서 공감할 수 있을 것이다. 종교가 선교를 하지 않을 때는, 차라리 종교 없는 선교를 택해야 한다. 하지만 다행스럽게도 우리에게 이 선

---

36 John C. Pollock, *Hudson Taylor and Maria* (Hodder and Stoughton, 1962), pp. 132이하.

택만 남아 있지는 않다. 하나님을 기쁘시게 하는 예배는 필연적으로 우리로 하여금 우리가 영화롭게 하기 원하는 하나님의 이름을 증언하기 위해 밖으로 나아가게 할 것이다. 참으로 "예배는 수직적인 관계와 수평적인 관계를 모두 포괄할 때에만 진정한 예배라 할 수 있을 것이다."37 교회 예배의 마지막 부분은 1928년 견진성사 예배 때 했던 축복의 말로 장식해야 할 것이다. "세상을 향해 나아가라…." 로마 가톨릭교회의 미사에서 쓰는 '이테 미사 에스트'(*Ite, missa est*)는 이보다 더 대담한 말이다. 어떤 저자들은 이 말을 '나가 버리라'는 거의 강제적인 의미로 보기도 한다.38

예배가 증거를 포함한다면, 증거가 예배를 포함한다는 당연한 결과를 주장하는 것 또한 중요하다. 우리는 바울이 전도에 대해 말하면서 희생 제물과 관련된 놀라운 표현을 두 번이나 사용하고 있다는 사실에서 이것을 가장 잘 이해할 수 있다. 빌립보서에서 그는 편지를 받는 사람들이 "세상에서 그들 가운데 빛들로 나타내며 생명의 말씀을 밝혀" 주기를 원하는 간절한 바람을 적고 있다. 그렇게 될 때에만 그는 자신의 수고가 헛되지 않게 되어 그리스도의 날에 기뻐할 수 있을 것이다. 그는 계속해서 말하기를, 하나님을 향한 그들의 믿음은 그분께 드리는 '제물'이라고 한다. 그는 그들

---

37 *Planning for Mission*, p. 186. 이 책의 "예배와 선교"라는 장 전체(pp. 185-192)를 읽어 보라. 또한 J. G. Davies가 쓴 *Worship and Mission* (S.C.M. 1966)이라는 책도 읽어 보라.

38 예를 들면, *Local Church and World Mission*, p. 91.

이 하나님이 받으실 만한 봉헌물이기를 너무도 간절히 바라서, 심지어 자신의 생명을 그들에게 주어도 좋다고, 그들의 믿음의 제물과 봉사 위에 "내가 나를 전제로 드릴지라도" 좋다고 말한다.[39] 이런 표현이 조금 낯설고 생소하긴 하지만, 그 의미는 분명하다. 바울은 자신의 복음 전도에 하나님을 향하는 의미를 부여하고 있다. 그는 자신이 회심시킨 사람들의 믿음과 그들을 향한 자신의 수고가 섞여서 하나의 희생 제물, 즉 하나님이 보시기에 기쁜, 하나님께 드려지는 예배의 헌물이 된다고 생각했던 것이다.

사도 바울은 로마서 15:16에서도 열방을 향한 자신의 사역에 대해 이와 비슷한 은유를 사용하고 있다. "나로 이방인을 위하여 그리스도 예수의 일꾼이 되어 하나님의 복음의 제사장 직분을 하게 하사 이방인을 제물로 드리는 것이 성령 안에서 거룩하게 되어 받으실 만하게 하려 하심이라." 이 전체 문장은 희생 제물과 관련된 단어와 이미지로 가득하다. 그는 복음 전도자를 제사장으로, 복음 전하는 일을 '제사장 직무'로 생각하고 있다. 구약에서 제사장의 가장 중요한 역할은 희생 제물을 바치는 것이었다.[40] 그렇다면 복음 전도자는 무엇을 제물로 바치는가? 바로 자신이 회심시킨 사람들이다. "이방인을 제물로 드리는 것이 성령 안에서 거룩하게 되어 받으실 만하게 하려 하심이라."

---

39 빌 2:15-18.
40 참조. 히 8:3.

이것이 함축하는 의미는, 복음 전도(복음을 설교하는 일)나 그 일의 즉각적인 결과(회심자들을 얻는 일)가 둘 다 그 자체로 목적은 아니라는 사실이다. 우리는 왜 회심자를 얻고자 하는가? 그들이 회심하면 우리는 그들과 무엇을 어떻게 하겠다는 것인가? 성경적인 복음 전도는 회심과 함께 완전히 끝나는 것이 아니라, 회심을 예배를 향한 서곡으로 본다. 복음 전도자는 구원받은 회심자에게 주어질 유익을 넘어, 그를 구원하신 하나님께 돌아갈 영광을 바라보아야 한다. 우리의 궁극적인 목적은 회심자들을 하나님께 '드리는' 것이다. 이는 그들이 회심 후에 말과 행동으로 하나님을 예배하는 자가 되겠다고 스스로를 하나님께 바친다는 의미에서 그렇다. 그리고 일단 그 회심자가 진정한 예배자가 되면, 그는 다시금 증인이 되어 세상을 향해 내달리게 될 것이다.

이렇게 예배와 증거는 서로 맞물려 있다. 한쪽은 다른 하나가 없으면 불구가 된다. 그리고 한쪽이 충실하게 진행된다면 다른 한쪽으로 이어져서 끝없는 연결 고리가 생성되어 열매를 맺게 된다. 예배는 증거를 통해 표현된다. 그리고 증거는 예배를 통해 완성된다. 이것을 하나로 묶는 주제는 하나님과 그리스도의 영광이다. 우리는 현대의 복음 전도에서 이것이 지고의 동기가 되도록 힘써야 할 커다란 사명을 가지고 있다.

온 땅에 있는
 모든 민족과 족속이
모든 위엄을 그분께 돌리며
 만유의 주께 면류관을 드리리

2장
하나님의 복음: 복음 전도의 내용

우리가 침묵하는 죄를 범하는 두 번째 이유는 말해야 할 바를 정확히 알고 있지 못하거나, 그에 대한 확신이 없기 때문이다. 우리는 말할 것이 없기 때문에 말하지 않는 것이다. 복음을 철저히 알지 못하기 때문에, 혹은 복음이 진리라는 확신이 없기 때문에, 아니면 둘 다가 이유가 되어서, 혀가 굳고 입술이 닫혀 버리는 것이다. 복음 없이 복음 전도란 없으며, 전할 메시지 없이 선교란 없다.

이 사실이 오늘날처럼 명백한 시절도 없었다. 신학적인 우유부단함이 현대 기독교 국가의 특징이 되어 버렸다. "교회는 자신이 선포하는 메시지에 대해 혼란스러워하고 불확실해한다." "만일 교회가 확신과 권위를 가지고 말한다면, 영국은 그 말을 즐거이 들을 것이다."[1] 더 나아가서 외부의 방관자들도 이런 상황을 알아차리고

---

[1] "영국의 회심을 향하여", pp. 16, 15.

있다. 더글러스 웹스터 교수는 한 승려의 말을 인용하고 있다. "동양 종교가가 보기에 기독교는 마치 어린아이가 사춘기를 지나고 있는 것처럼 보인다. 자기 아버지에 대해 말할 때 좀 당황해하는 사춘기의 아이들처럼 말이다."[2]

이런 딜레마의 주된 원인은 급변하는 현대인의 삶의 속도에 있다. 어떤 일이든 어떤 사람이든 항상 움직이고 있다. 가만히 정지하고 있는 것 자체가 불가능한 것 같다. 전 세계가 정치적·경제적·사회적·지적으로 거대한 혁명에 휘말려 들고 있다. 제국주의의 종말과 공산주의의 발흥, 과학과 기술의 발전, 인구 폭발과 원자 폭탄의 위험, 광범위하게 파급되고 있는 사회 복지라는 개념, 고대 동양 종교의 부흥, 서구 사회에서 만연하고 있는 세속주의적 인본주의—이 모든 현상이 평범한 사람들에게 영향을 미쳐서 불안한 혼동을 야기시킨다.

어떤 현대 신학자들은, 새로운 세계에 맞는 새로운 복음을 말해야 한다고 주장한다. 구식 복음은 더 이상 효과가 없고, 시대에 뒤진 부적실한 것이라고 한다. 그런 건 이제 버리고 다른 복음으로 대체해야 한다는 것이다. 이런 견해에 대조되는 것으로서 "영국의 회심을 향하여"에서 표명하는 견해를 읽어 보는 것은 아주 신선한 일이다. 이 책 2장 서두에는 다음과 같은 윌리엄 템플의 선언문이

---

2 *Yes to Mission*, p. 9.

실려 있다. "복음은 언제 어디서나 진리다. 그렇지 않다면 그것은 전혀 복음이 아니든지, 전혀 진리가 아니다." 얼마 후 이 위원회에서는 이렇게 썼다. "각 세대에 따른 다양한 조건을 따라 변하는 것은 복음을 제시하는 방법이지, 복음의 내용이 아니다."³

또 어떤 사람들은 실제로 복음 전도와 침묵을 동일하게 생각한다. 그들은 복음을 바꾸는 것이 아니라, 아예 복음이란 존재하지 않는다고 주장한다. "우리는 아무런 할 말이 없다"고 그들은 확언한다. "우리의 소명은 세상 사람 옆에 앉아 그의 가르침을 받는 것이다. 우리는 비기독교적인 세상 한복판에서 그리스도인으로 존재하는 것 그 이상을 바라서는 안 된다."⁴ 그러나 이런 태도는 복음 전도를 완전히 포기하는 것이다. 비기독교 사회에 파고들어야 한다는 주장에는 동의하지만, 진정으로 그렇게 파고들려면 선포할 만한 견해가 있어야지, 침묵으로는 안 된다. 말할 것이 없단 말인가? 도대체 언제부터 복음은 '좋은 소식'이기를 그쳤으며, 도대체 언제부터 교회는 하나님이 지명하신 '선포자'가 되기를 그만두었는가?

반면에 어떤 사람들은 (내 식대로 표현한다면) 복음 전도의 사명에서 도피하여 치유나 교육, 사회사업과 같은 선행에 몰두하고 있는

---

3 p. 17.
4 예를 들면, "선교적 차원에서 교회가 그런 방식으로 그리스도의 임재를 드러내야 한다는 교회의 소명은, 인간을 구속하시는 하나님의 임재를 이 세상에 계시하기 위한 것이다." 그리고 "선교하는 회중은 마치 선교사 군단처럼, 사람들 속에서 섬기는 백성으로 존재함으로써 그 소명을 성취한다"라고 적고 있다 (*Planning for Mission*, pp. 122와 220를 보라).

2장 하나님의 복음: 복음 전도의 내용

것 같다. 이런 일들은 옳은 것이며 또 필요한 것이다. 그러나 그리스도께서 명하신 최종적이고도 보편적인 사명, 각 복음서의 맨 마지막에 기록되어 있는 사명은 병자를 고치는 일(예수님이 열두 제자와 칠십 인의 제자들을 보내셨을 때처럼)이나 사회를 개혁하는 일이 아니라, 복음을 전하는 일이다. 그렇다면 사회적 행동이 차지하는 위치는 어디인가? 그리고 그것과 복음 전도의 관계는 어떠해야 하는가? 사회적 행동은 복음 전도와 동일한 것도 아니고, 복음 전도의 구성 요소도 아니며, 복음 전도를 위한 수단도 아니다(병원의 환자나 학교의 학생은 어쩔 수 없이 복음을 들을 수밖에 없는 대상이긴 하지만 말이다). 복음 전도와 마찬가지로 사회적 행동도 그 자체를 독립적인 것으로 생각해야 한다. 이 둘은 모두 사랑의 섬김이며, 그리스도와 그리스도인들의 디아코니아(*diakonia*)의 일부분이다. 그리스도께서 그리스도인들에게 자신의 발자취를 따르라고 부르셨기 때문이다. 그러나 이 둘이 서로 별개이긴 하지만, 그렇다고 서로 완전히 따로 존재하는 것은 아니다. 이 둘은 나란히 함께 간다. 각각은 다른 하나를 따라 하려고 꾸미지 않으며, 또 다른 하나를 자신의 역할을 위해 이용하려 하지도 않는다.

그러므로 교회는 이 세상에 복음을 전파하는 일에 헌신해야 한다. 이 복음은 '영원하고'[5] '불멸하는' 것이다.[6] 그것은 무엇인가? 바

---

5 계 14:6.
6 소위 짧은 마가복음의 마지막 구절인 '영원한 구원에 대한 거룩하고 멸망치 않

울은 그것을 "하나님의 복음"[7]이라고 불렀다. 여기서 "하나님의"라는 소유격은 목적격도 된다. 복음은 하나님, 즉 그분의 성품과 목적에 관한 좋은 소식이 되어야 하는 것이다. 그래서 복음은 어느 정도 그런 면이 있다. 예수님은 "하나님 나라의 복음", 하나님이 메시아를 통해서 인간들의 삶 속에 하나님의 통치권을 세우신다는 좋은 소식에 대해 말씀하셨다.[8] 바울은 또한 "하나님의 은혜의 복음"이라고 언급하면서 이를 '하나님 나라를 선포하는 일'과 연관시켰다.[9]

그리스도의 위격

이 모든 것은 진리다. 그러나 바울이 로마서 서두에서 "하나님의 복음"이라는 표현을 사용하는 것을 보면, 여기서 하나님은 "하나님의"라는 소유격의 목적어가 아니라 주어임을 쉽게 알 수 있다. 복음의 내용은 그리스도이지만, 복음을 잉태하고 추진하고 드러내신 분은 바로 하나님이시다. "…바울은 사도로 부르심을 받아 하나님의 복음을 위하여 택정함을 입었으니…그의 아들에 관하여…주

는 선포.'
7 롬 1:1.
8 예를 들면, 눅 4:43; 마 24:14; 참조. 막 1:14.
9 행 20:24-25.

예수 그리스도시니라."[10] 하나님의 복음은 하나님의 아들에 관한 것이다. 그것은 그리스도에 관한 선포다. 성령은 그리스도에 '관해' 증언하시며,[11] 사도의 메시지도 "우리가 그를 전파하여"[12]라는 말로 요약할 수 있다.

그렇다면 복음의 중심 진리는 그리스도 자신이시다. 이 말은 즉각적으로 의문을 불러일으킨다. 만일 우리가 복음을 전하기 위해 부르심을 받았다면 그리고 복음이 그리스도에 관한 것이라면, 그리스도에 관한 정보는 어디서 얻어야 하는가? 다시 말해서 우리가 그리스도를 전파해야 한다면, 어떤 그리스도를 전파한다는 말인가? 우리는 이 질문에 대해 답해야만 한다. 우리는 모호한 그리스도를 전하는 것이 아니라, 정확하고 구체적인 그리스도, 즉 신약의 그리스도를 전하는 것이다. 전해야 할 다른 그리스도는 없다. 사실, 그리스도에 대한 우리의 지식은 거의 전적으로 사도들이 그분에 관해 증언한 내용에 제한되어 있다. 그리스도께서는 자신을 증언할 사람들로 그들을 선택하고 지명하셨다. 왜냐하면 그들은 처음부터 그분과 함께 있었기 때문이다.[13] 그들의 증거는 일차적이고 영원히 규범적이다. 우리의 증거는 그들의 증거에 종속되고 그 다스림 아래 있어야 한다. 그리스도 자신이 말씀이 육신 되신 유일무이

---

10   롬 1:1-4; 참조. 막 1:1.
11   요 15:26; 참조. 행 1:8.
12   골 1:28.
13   요 15:27; 참조. 행 1:21-22.

한 존재라면, 그리스도에 관한 사도들의 증언도 동일하게 유일무이한 것이다. 그리스도 자신과 마찬가지로 그리스도에 관한 이들의 가르침도 변경되거나 대체될 수 없다. 현재든 장래든 사람들은 항상 "그들의 말로 말미암아" 그리스도를 믿게 될 것이다.[14]

그렇다면 복음을 구성하고 있는 사도들의 증언은 무엇인가? 복음서를 읽든 사도행전에 나오는 설교들을 읽든, 아니면 신약의 서신서들을 읽든, 복음의 기초는 그리스도에 관한 역사적 사실이라는 것은 의심할 여지가 없다. 그분의 탄생, 일생, 죽음, 부활, 승천 그리고 성령의 선물. 이것들은 하나로 연결된 사슬의 고리들이다. 이것들은 모두 그분이 세상으로 '오셨다' 혹은 '보내심을 받았다'는 사실을 보여 준다.

그러나 사도들은 이것을 그저 역사적 사실로만 제시하지 않고, 의미 있는 사실이자 목적 있는 사건들로서, 즉 하나님의 구원 사역의 독특한 부분들로서 제시한다. 복음의 첫 선포는 성탄절에 있었던 천사의 선언이다. "…큰 기쁨의 좋은 소식을 너희에게 전하노라. 오늘 다윗의 동네에 너희를 위하여 구주가 나셨으니 곧 그리스도 주시니라."[15] 그분의 이름인 '예수'도 이런 의미였다.[16] 사도들은 이 점을 역설한다. 요한은 다음과 같이 말했다. "아버지가 아들을

---

14 요 17:20.
15 눅 2:10-11.
16 마 1:21.

세상의 구주로 보내신 것을 우리가 보았고 또 증언하노니."[17] 그리고 바울도 이렇게 요약해서 말했다. "그리스도 예수께서 죄인을 구원하시려고 세상에 임하셨다."[18]

그러므로 복음은 우리를 구원하기 위해 오신 그리스도에 관한 것이다. 그리고 그분의 구원은 모든 죄로부터의 총체적인 구출이다. 그것은 우리의 죄에 대한 용서와 하나님과 우리의 화해로 시작된다. 그리고 이 구원은, 우리 안에 머물면서 우리를 끌어 잡아당기는 죄로부터의 점진적인 해방과, 그리스도의 형상으로 바뀌어 가는 변화를 통해 계속 진행된다. 그리고 그리스도께서 다시 오셔서 우리가 새로운 세상에서 새로운 육신을 입고 모든 죄에서 벗어날 때, 구원은 절정에 달할 것이다.

그리스도를 통해서 인간을 구원하시려는 하나님의 이러한 지고하고 거룩한 목적을 교회가 종종 희석시키고 있다는 사실은 말로 다 표현할 수 없는 비극이다. 복음 전도가 이 좋은 소식을 신실하게 선포하는 것이 아니라 악한 사람들에게 착한 사람이 되라고, 혹은 (좀 더 자주) 착한 사람에게 더 착한 사람이 되라고 훈계하는 것이 되고 말았다. 또는 사람들을 끌어들여서 교회에 나와 예배를 드리게 하는 것이나, 기독교적인 원칙을 직장 생활에 적용하는 것, 심지어는 기독교가 가지는 차이점을 최소화시키고 공동의 종교성

---

17 요일 4:14.
18 딤전 1:15.

에 합류하기 위해 기독교적 '신앙'과 비기독교적 '신앙'의 공통점을 찾아내는 것으로 전락해 버렸다.

그리스도의 죽음

이제 그리스도가 죄인을 위한 구원을 확증하기 위해서 무엇을 하셨는지 질문한다면, 이에 대한 가장 주요한 대답은 '그분은 죽으셨다'는 것이다. 물론 세상에서 그분이 하신 모든 일이 구원 사역이었던 것은 사실이다. 그러나 실제로 그분은 자신의 죽음 안에서 그 죽음을 통해 우리의 구원을 성취하셨다. 또한 그분은 자신의 죽음을 기념하는 성만찬을 제정하심으로써, 자신의 죽음이 그분의 마음의 중심에 자리 잡고 있음을 보여 주셨다. 이 사실은 신약에서는 너무 당연한 것이어서, 굳이 다시 밝힐 필요조차 없었다. 이것이 끊임없이 반대에 부딪히는 상황이 아닌 한 말이다. "그리스도께서 우리 죄를 위하여 죽으시고", "우리 죄를 대속하기 위하여 자기 몸을 주셨으니", "그리스도도 많은 사람의 죄를 담당하시려고 단번에 드리신 바 되셨고", "그리스도께서도 단번에 죄를 위하여 죽으사"[19] 와 같은 구절들은 너무 많이 등장해서 그냥 지나칠 수가 없게 되어 있다. 성경에는 그분이 '우리 죄를 위하여 사셨으니' 혹은 '우리

---

19 고전 15:3; 갈 1:4; 히 9:28; 벧전 3:18.

죄를 위하여 부활하사'라고 적혀 있는 곳이 한 군데도 없다. 우리의 죄를 위한 그분의 사역은 항상 그분의 죽음과 관련되어 있다. 우리를 죄에서 씻어 주는 것은 그분의 "피" 즉 그분의 희생적인 죽음, 바로 그것뿐이다.[20] 그분의 탄생과 부활 그리고 그분이 세상에 오시고 다시 세상 밖으로 나가신 초자연적인 현상도 중요하지만 성경은 이것들을 그분의 죽음의 견지에서 이해한다. 그분의 탄생은 그분의 죽음을 준비하는 것이었으며, 그분의 부활은 죽음이 발휘하는 구원의 능력을 확증하는 것이었다. 디모데전서 2:5-6에서는 예수님에게 세 가지 이름을 붙이는데, "중보자", "사람", "대속물"이 그것이다. 이 구절을 자세히 연구해 보면 대속을 치른 그분의 죽음이 중추적인 역할을 한다는 것을 알 수 있다. 그분은 대속물이 되기 위해 사람이 되셨다. 그리고 그분은 자신을 단번에 대속으로 내주셨기 때문에, 오늘날 우리의 중보자가 되실 수 있다. 첫값을 치르기 위한 속전으로서 피 흘리는 핵심적인 행동이 없다면, 그분이 사람으로 오신 것은 거의 무의미한 일이 되고 그분의 중보도 불가능했을 것이다.

그렇다면 그리스도께서는 무슨 일을 하셨는가? 여기서 우리는 사도들의 가르침을 충실히 따라야 한다. 그리스도의 죽음은 단지 죄에(죄를 제거함), 사탄에(사탄의 능력을 빼앗아 버림), 그리고 우리 자

---

20 예를 들면, 엡 1:7; 히 9:22; 요일 1:7.

신에게만(우리를 구속하고 고무시킴) 영향을 미치는 것이 아니라, 하나님 자신에게도 영향을 미친다. 물론 전체적인 구원 역사는 하나님과 함께 시작해서 하나님과 함께 끝맺는다. 그러나 하나님이 그리스도를 통해서 주도하시고 완성하신 일은, 그리스도로 하여금 공의롭게 심판을 칭의로 바꿀 수 있게 하신 신중한 행동이었다.

우리는 다시 묻게 된다. 그리스도께서 하신 일은 무엇인가? 그분은 죽으셨다. 그리스도의 죽으심을 말하는 것은 단순히 하나의 사실을 선언하는 것이 아니라 그것을 설명하는 것이다. 왜냐하면 성경에서 인간의 죽음은 절대로 무의미한 현상이 아니기 때문이다. 오히려 죽음은 항상 신학적 의미를 가진다. 그것은 인간의 죄에 대한 무시무시한 형벌을 의미한다. 창세기 2장("네가 먹는 날에는 반드시 죽으리라")에서 시작해서 요한계시록의 끝에서 두 번째 장(회개하지 않은 죄인들이 겪는 둘째 사망)에 이르기까지, 동일한 주제가 끊임없이 강조되고 있다. 바로 "죄의 삯은 사망이[라]"는 것이다.[21] 실로 예수님은 본성상 그리고 행위상 죄가 없으시기 때문에, 영적으로나 육체적으로나 죽으실 필요가 없었다. 그분은 에녹과 엘리야처럼 승천하실 수도 있었다. 사실 거의 그럴 뻔했다. 변화산에서의 경우가 그렇다. 그러나 그분은 의도적으로 이 세상으로 다시 발길을 돌리셨다. 자신의 생명을 자발적으로 내어놓기 위해서 말이다. 왜 그

---

21   창 2:17; 계 21:8; 롬 6:23.

렇게 하셨을까? 그분의 죽음의 근본적인 이유는 무엇이었을까? 여기에는 오로지 단 하나의 논리적·성경적 해답만이 가능하다. 그것은 바로 예수님이 자신의 죄가 아니라 우리의 죄를 위해 죽으셨다는 것이다. 그분이 죽으신 죽음은 우리가 죽어야 할 죽음, 우리가 우리의 죗값으로 마땅히 치러야 할 형벌이었다. 이런 우리의 죄 때문에 그분은 육체적 죽음을 겪으셨을 뿐 아니라, 하나님께도 버림받아 끔찍한 어둠 속에서 영적 죽음도 맛보셨다. 성경은 이 사실에 대해 단편적인 몇몇 구절을 통해 증언하는 것이 아니라, 죄와 죽음의 상관관계를 밝히는 성경 전체의 맥락을 통해 증언한다.

이제 복음 전도에 대한 우리의 의무는 분명해졌다. 우리는 "십자가에 못 박힌 그리스도를 전[해야]" 한다.[22] 그리고 우리의 선포를 생생하게 전달하기 위해서, 마치 커다란 간판을 달아 예수님을 알리는 것처럼 십자가에 못 박힌 그리스도가 사람들의 눈앞에 밝히 보이도록 묘사해 주어야 한다.[23] 또한 우리는 그리스도의 십자가만이 하나님이 죄인을 받아들이실 수 있는 유일한 기초가 된다는 사실을 단순 명백하게 밝혀 주어야 한다. 이러한 "십자가의 도"[24]는 언제나 인기가 없었다. 바울 시대에 십자가의 도는 "유대인에게는 거리끼는 것이요, 이방인에게는 미련한 것"이었다.[25] 다시

---

22 고전 1:23.
23 갈 3:1.
24 고전 1:18.
25 고전 1:23.

말해서 이것은 유대인의 자기 의나 헬라인의 지성주의를 불쾌하게 만드는 것이었다. 사실상 이것은 유대인의 경우에는 자신의 도덕성으로 그리고 헬라인의 경우에는 자기들의 철학으로 하나님께 도달할 수는 없다고 주장하는 말이었다. 그러나 이들이 십자가 앞에서 자신을 겸손하게 낮추면, 십자가의 도가 하나님의 능력이요 지혜임을 알게 될 것이었다.[26]

"십자가의 걸림돌"[27]은 오늘날에도 존재한다. 십자가는 죄인들에게 스스로 자신을 구원할 수 없다는 것을 말해 주기 때문에, 죄인들은 십자가를 미워한다. 설교가들도 십자가가 교만한 사람들을 불쾌하게 만들기 때문에, 십자가에 대해 말하지 않으려는 유혹에 빠진다. 그리스도의 공로보다는 인간의 공로를 설교하는 것이 더 쉽다. 사람들이 그런 것을 훨씬 더 좋아하기 때문이다. 그래서 우리에게는 '할례를 전하는 것'과 '십자가에 못 박힌 그리스도'를 전하는 것, 두 가지 대안이 놓여 있다.[28] 할례를 전한다는 것은 인간이 자신의 복종으로써 스스로를 구원할 수 있다는 인간의 능력을 선포하는 것이며, 십자가에 못 박힌 그리스도를 전한다는 것은 그리스도가 한 분 유일한 구원자임을 선포하는 것이다.

나는 우리 중 많은 사람이 십자가의 치욕을 피하려는 유혹을

---

26 고전 1:24.
27 갈 5:11.
28 갈 5:11.

받고 있는 것 같아 매우 염려스럽다. 우리는 인간의 능력과 용맹에 호소함으로써 '할례를 전한다.' 그리고 우리는 유대인들이 그랬던 것과 같은 이유에서 그렇게 한다. 즉 "그들이 그리스도의 십자가로 말미암아 박해를 면하려 함뿐이라."[29] 바울 역시 자기도 모르는 사이에 이런 유혹을 느끼곤 했다. 그렇지 않았다면 그는 굳이 이렇게 쓰지는 않았을 것이다. "내가 너희 중에서 예수 그리스도와 그가 십자가에 못 박히신 것 외에는 아무것도 알지 아니하기로 작정하였음이라(이 말에는 의도적인 결단의 의미가 들어 있다)."[30] 십자가에 못 박히신 그리스도를 전하는 사도적 복음에 반대하는 분위기가 점점 더해 가는 현대 사회에 직면하여, 오늘날 우리에게도 이와 동일하게 단호한 결단이 필요하다.

사람들의 맹렬한 반대에도 불구하고 바울의 발자취를 따라간 사람들 중에는 케임브리지 대학교 킹스 칼리지의 학장이며 성삼위 교회의 목사였던 19세기 초의 찰스 시므온(Charles Simeon)이라는 사람이 있다. 그 교회의 남쪽 벽면에 있는 액자에는 그를 기념하기 위해 다음과 같은 구절이 적혀 있다. "그는 십자가에 못 박힌 예수 그리스도 외에는 아무것도 알지 아니하기로 한 자신의 결단을 그의 모든 희망의 기초로, 즉 모든 사역의 주체로 삼았던 사람이다."

---

29 갈 6:12.
30 고전 2:2.

인간에 대한 성경의 관점

하나님의 복음이 죄인의 구주로서 십자가에 못 박히신 그리스도와 관계된 것이라면, 이 말은 그리스도에 대해서만 아니라 우리에 대해서도 시사하는 바가 있다. 사실 그리스도에 관한 신약의 복음은 죄에 대한 성경적 교리를 이미 전제하고 있으며, 바로 이 교리가 거부당하고 있기 때문에 지금까지 시도해 온 많은 복음 전도가 시작부터 잘못되고 있는 것이다. 복음은 인간에게 그리스도에 대해 말하는, 하나님에게서 온 좋은 소식이다. 그렇다면 복음이 제시되는 대상인 인간은 어떤 존재인가?

성경은 절대로 인간의 존엄성을 무시하지 않는다. 비록 타락하기는 했어도 인간은 여전히 "하나님의 형상대로 지음을 받은" 존재다.[31] 더 나아가서 그리스도는 인간을 위해 죽으셨으며, 이것은 인간이 하나님께 소중한 존재임을 보여 준다. 이것은 또한 인간이 매우 심각한 곤경에 처해 있음을 보여 준다. 하나님의 아들의 죽음이 아니고서는 그 어떤 것으로도 인간의 구원을 보장해 줄 수 없을 지경이기 때문이다.

그러나 인간에 대한 사실 중에서 성경이 가장 신경 써서 강조하는 사실은 바로 인간은 죄인이라는 것과, 인간의 죄는 세 가지

---

31 약 3:9.

심각한 결과를 초래한다는 것이다. 첫째로, 인간은 하나님의 심판 아래 있다. 죄는 하나님의 권위에 대한 반역이자 독립 선언이다. 따라서 우리는 죄 때문에 하나님의 심판, 하나님의 진노 아래 있게 된다. 사실 인간은 하나님의 사랑의 대상인 동시에 진노의 대상이다. 인간의 불순종 때문에 인간을 정죄하시는 하나님은 또한 인간을 의롭다 하실 길을 이미 계획해 놓으셨다. 로마서 1장의 세 구절이 이것을 잘 요약 설명해 준다. 바울은 이렇게 썼다. "복음에는 하나님의 의(죄인들이 하나님과 올바른 관계를 맺게 해 주시는 하나님의 방법을 말한다)가 나타나서…하나님의 진노가 불의로 진리를 막는 사람들의 모든 경건하지 않음과 불의에 대하여 하늘로부터 나타나나니."[32] 여기서 하나님의 진노가 어떻게 드러나고 있는지는 상세하게 설명되어 있지 않다. 아마도 바울은 하나님이 고집스런 죄인들을 그 고집대로 내버려 두심으로써 그들의 마음속에서 진행되는 무서운 도덕적 타락을 언급하는 것 같다. 그는 1장 마지막 부분에서 이런 현상을 묘사한다. 그러나 하나님의 진노가 인간과 사회의 부패 가운데 드러나 있다면, 죄에 대한 하나님의 치유책은 복음 가운데 드러나 있다. 그래서 하나님의 계시는 두 가지가 있다. 하나님의 진노가 모든 불의에 대하여 하늘로 좇아 계시되어 있기 때문에, 그분의 의(구원의 길)는 복음에 계시되어 있다. 따라서 성경이 말하는

---

[32] 롬 1:17-18.

하나님은 사랑과 진노의 하나님이시며, 자비와 심판의 하나님이시다. 그리고 각 시대와 온 세계에 만연한 인간 삶의 특징인 모든 안식 없는 활동과 쾌락 추구, 도피주의는 인간이 하나님과 분리되어 있음으로 인해 나타나는 징후다.

둘째로, 인간들은 하나님의 심판 아래 있는 것과 더불어서, 자신의 이기적인 본성의 노예가 되어 버렸다. 예수님은 "죄를 범하는 자마다 죄의 종이라"라고 말씀하셨다.[33] 그리고 바울도 이런 노예 근성을 끊임없이 암시한다.[34]

셋째로, 인간은 스스로를 이런 심판이나 노예근성에서 구원할 능력이 전혀 없다. 인간은 하나님의 호의를 얻을 힘이 없으며 자신을 스스로 자유하게 할 능력도 없다. 이 두 가지 의미에서 인간은 죄의 포로다. 오직 그리스도 안에서 값없이 주시는 하나님의 은혜만이 인간에게 닿아 인간을 구출할 수 있다.

많은 사람들은 이 진리와 이 진리를 표현한 방식에 신경을 곤두세운다. 복음을 더 이상 이런 식으로 제시해서는 안 된다는 말들도 많이 한다. 여기에는 두 가지 중요한 반대 의견이 있다.

첫째로, 우리는, 이제 인간은 성년이 되었으며 '성년이 된 인간'은 더 이상 성경에 제시된 구닥다리 하나님이나 하나님이 제시하는 케케묵은 구원이 필요하지 않다는 주장에 솔깃해지고 있다. 인

---

[33] 요 8:34.
[34] 예를 들면, 롬 6:15-23; 엡 2:1-3; 딛 3:3.

간의 완숙함이라는 이런 개념은 울리치(Woolwich)의 감독이 생각해 낸 것이 아니다. 그레고르 스미스(R. Gregor Smith)는 『신인』(*The New Man*)[35]이라는 책에서 이 개념을 상세히 설명하면서, 그 기원을 르네상스 시기로 잡고 있다. 디트리히 본회퍼(Dietrich Bonhoeffer)는 전쟁 중에 쓴 『옥중서간』(*Letters and Papers from Prison*, 대한기독교서회)[36]에서 이 길을 열어 놓은 사람이다. "인간은 하나님을 작업가설(作業假說)로 삼지 않고도 이 모든 문제를 잘 풀어 나가는 법을 습득했다."[37] 사실상 하나님 자신도 "우리가 하나님 없이도 아주 잘 살아갈 수 있는 사람들로 살아야만 한다고 가르치신다."[38]

그러나 여기에는 근본적인 혼동이 있다. 근대의 기술 발전으로 이어진 르네상스와 산업혁명이, 이전 시대의 인간과는 너무나 다른 실로 '새롭고 완숙한' 존재로 보이는 인간을 창조해 냈다. 현대인은 선조들이 꿈도 꾸지 못했던 힘과 권위를 휘두르고 있다. 이제 인간은 환경을 통제할 수 있으며 자연의 능력을 자기의 뜻에 맞게 주무를 수 있다. 더 나아가서 인간은 그렇게 함으로써 "땅에 충만하라, 땅을 정복하라"[39]는 하나님의 창조 명령을 성취하고 있다. 그러나 인간은 도덕적으로 혹은 영적으로 새로운 인간이 된 것은 아

---

[35] S.C.M. Press, 1956.
[36] S.C.M. Press, 1953.
[37] p. 145.
[38] p. 164.
[39] 창 1:28.

니다. 이런 점에서 보면 인간은 성년이 되었다기보다는 어린아이에 불과하다. 따라서 인간은 하나님 나라에 '들어가거나' 그 나라를 '얻기' 위해서, 예수님이 말씀하신 대로 자신을 어린아이처럼 낮추어야만 한다.[40]

성경적인 그리스도인들은 때때로 하나님을 '간격의 하나님'(God of the gaps)이라고 지칭하곤 한다. 왜냐하면 우리의 지식으로는 그런 간격을 메울 수 없다는 사실을 깨달을 때에만, 하나님께 도움을 요청하게 되기 때문이다. 사람들은, 이제 과학의 발견들이 이런 현격한 차이를 꾸준히 감소시키고 있기 때문에 하나님은 설 땅이 없어지고 있다고 주장한다. 언젠가는 그 간격이 사라질 것이며, 완전히 하나님 없이 살게 되는 때가 오리라는 것이다. 이런 개념은 '사신'(死神) 신학이라는 사조가 나타나기 오래전부터 이미 존재했다. 1865년 리에주(Liege)에서 열린 세속주의자 동맹(Secularist League)에서는 다음과 같은 선언문을 채택했다. "과학은 하나님을 불필요한 존재로 만들었다."[41]

그러나 인간의 발명의 재간으로는 결코 메울 수 없는 넓은 간격이 적어도 두 가지가 있기 때문에, 하나님과의 간격은 메워졌고 하나님 없이도 살 수 있다는 이런 확신에 찬 주장은 완전히 가짜다. 첫 번째 간격은 인간의 죄와 그에 대한 하나님의 심판 때문에 하나

---

40   예를 들면, 막 10:13-16; 마 18:1-4.
41   "영국의 회심을 향하여", p. 9.

님과 인간 사이에 벌어진 간격이며, 두 번째 간격은 인간의 현재 모습과 하나님이 인간에 대해 의도하신 모습 사이의 엄청난 간격이다. 기술의 발전이 이러한 공백을 채워 줄 수는 없으며, 세속적인 교육을 통해 이러한 간격을 메우는 다리를 놓을 수도 없다. 오직 하나님만이 이 엄청난 간격에 다리를 놓으실 수 있다. 그리고 하나님은 그리스도 안에서 주도권을 쥐고 이 일을 행하셨다.

바로 이것이야말로 복음이 말하고자 하는 것이다. 과학 기술 사회에서 '성년이 된 인간'은 여전히 죄와 심판 아래 있는 존재이며, 자기 욕정의 노예이고, 스스로를 구원할 능력이 없는 존재다. 오늘날 사람들이 종종 주장하는 것과는 대조적으로, 많은 사람들이 이러한 인간의 곤경을 인식하고 있다. 실례를 들어 보겠다. 내 친구 한 명은 제2차 세계대전 때 해군 중위로서 구축함에서 항해사로 복무하였다. 그는 내게 자신이 피할 수 없었던 네 가지 현실에 대해 말했다. 첫째로, 그는 죄에서 벗어나야겠다고 단호히 결단했으나, 계속되는 실패에 좌절감만 더해 갈 뿐이었다. 둘째로, 그는 자신이 하나님의 법을 어겼음을 알고 있었다. '행동 규정과 해군 본부 지령'(King's Regulations and Admiralty Instructions)만 해도 절대 불변의 다양한 처벌을 포함하고 있으며, 대단히 잘 지켜지는데, 하나님도 분명히 최소한 왕과 해군 장교만큼은 공의로운 분이시라는 생각이 그에게 일격을 가했다. 셋째로, 당직을 맡아 혼자 있을 때면 죽음이라는 반갑지 않은 손님이 자신에게 무척 가까이 와 있다는 사실을 기억하게 되었고, 자신이 하나님 앞에서 책임 있는 존재라는 의식이 점점 강해졌다. 넷째로, 경이로움을 자아내는 창조 세계를 바라보면, 자신의 죄와 자신에게 가장 필요한 것이 무엇인지에 대한 의식이 더욱 고조되었다. "나와 관련 있는 하나님이, 불가항력적인 힘으로 우리를 들었다 놓았다 하는 광대한 대서양의 파도를 만드신 분이라면, 그분은 얼마나 위대하신 분인가. 나는 내가 그런 분에게 죄를 지었다는 것을 잘 알고 있다네." 그러나 이 기간 동안 그는 죄책감에서 오는 두려움을 "명랑함과 장난기 아래" 감추느라고 매우 고통스러워했다. 그는 말하기를, 당시 자신은 "하나님이 나의 처절한 필요를 채워 주기 위해 친히 수치를 무릅쓰고 십자가에 달리셨다는 것을" 전혀 알지도, 아니 상상하지도 못했다고 한다. 그러고는 말했다. "주 예수님이 하신 그 모든 일을 생각하면 어떤 말로 찬양을 해도 부족하지!"

나 자신의 경험도 그의 이야기와 상당히 비슷하다. 내가 그리스도께 나오게 된 계기는 나의 패배와 소외를 깨닫고, 역사 속의 그리스도께서 내가 알고 있던 바로 그 필요를 채워 주신다는 놀라운 소식을 들으면서였다.

비기독교권 국가에서 있었던 또 다른 예도 있다. 나는 카라치(Karachi)의 감독인 찬두 레이(Chandu Ray) 박사가 파키스탄에 있는 한 대학을 방문했던 이야기를 들었다. 그 대학 학생들은 대부분 이슬람교도였다. 거기서 그는 개인적인 상담을 했는데, 121명이 관심을 보였다. 그러나 그들은 이슬람과 기독교, 혹은 삼위일체에 대한 신학적인 이야기를 하고자 한 것이 아니었다. 그들의 가장 중요한 질문은 이것이었다. "우리를 괴롭히는 이 더러운 양심으로부터 자유롭게 될 수 있는 길이 있는가?"

죄에 대한 의식

런던에 있는 우리 교회 교인들에게 돌렸던 설문지의 결과도 바로 이 점을 확증해 준다. 어떤 사람들은 그리스도께 나아오게 된 계기가 죄에 대한 깨달음 때문이라기보다는 "인생이 너무 짐스럽고 무의미해서", "목적이 없어서", 또는 자신이 "사랑받지 못하고 쓸모없는 존재라고 느껴져서"라고 인정하였다. 그러나 "당신은 회심할 당시 자신의 죄와 잘못에 대해 어떻게 생각하고 있었습니까?"라는 질문에 대해서는 105명 중 75명이, 꽤 분명한 의식이 있었다고 답했다. 상당수의 사람은 아주 분명하게 표현하였다. 여기 몇 가지 예를 실어 보겠다. "저는 제가 방탕한 인생을 살았음을 잘 알고 있었습니다." "저는 제가 하나님께 죄를 범한 자임을 알았습니다." "저는 저의 죄와 잘못을 충분히 인식하고 있었습니다.…그것 때문에 울기도 했습니다." "저는 죄에 대해 민감하게 느끼고 있었고, 때로는 그것 때문에 절망에 빠지기도 했습니다." "저는 제 결점들을 몹시 싫어했으며, 그 때문에 그리스도께 나아오게 되었습니다."

따라서 우리는 소위 과학적으로 말해서 '새로운 인간'의 등장이 복음을 변질시킬 수 없음을 강력히 주장해야 한다. '새로운 인간'의 저변에는 과거의 인간이 그대로 존재한다. 모든 사람은 죄인이라서 하나님의 영광에 이르지 못하기 때문에[42] 유대인이나 헬라인이나 구별이 없듯이, 오늘날에도 힌두교인이든 이슬람교도이든, 불교도든, 이교도든, 기술 사회의 인간이든, 원시인이든 구별이 없다. 복음은 인간 자체인 인간, 죄된 인간, 동일한 타락의 결과로 비참하게 고생하고 동일하게 뒤틀린 본성을 상속받았으며(기질이 아무리 다양하다 해도) 동일한 심판 아래 정죄를 받았고 동일한 노예 상태에 예속되어 있는 인간에게 선포되고 있다.

이런 사실 때문에 우리는 두 번째 반박을 하게 된다. 앞에서 대략 제시한 인간에 대한 성경적 관점을 수용한다고 가정할 때, 문제는 인간이 자신을 제대로 모른다는 것이다. 인간은 성경을 읽는다 하더라도 자신의 모습을 깨닫지 못할 것이다. 게다가 종종 우리도 듣는 바와 같이, 인간은 자신의 죄 때문에 고통스러워하지도 않고 구원에 관심을 갖지도 않는다. 따라서 우리를 비난하는 사람들은 말하기를, 그 범주들이 아무리 진리라 할지라도 사람들에게 이야기할 때 이런 범주들을 사용하는 것은 무익하다고 한다. 상대방이 질문하지 않은 것에 답변하는 바보 같은 행동이라는 것이다.

---

[42] 롬 3:22-23.

이런 상황에 대해서는 두 가지 반응이 가능하다. 그 하나는 그러한 상황에 따르는 것이다. 현대인이 어떻게 해야 구원을 받을 수 있는지를 찾지 않는 이런 경우에 우리가 해야 할 일은, 그들의 현실적인 질문이 무엇인지를 발견하는 것이다. 그렇게 되면 우리는 그들이 질문해야 한다고 생각하는 질문에 대해 대답하는 것이 아니라(혹은 대답하려고 애쓰는 것이 아니라), 그들이 실제로 물어 보는 것에 대답할 수 있는 위치에 서게 될 것이다.

물론 이런 태도에도 중요한 진리가 담겨 있다. 우리는 사람들이 처한 상황을 용인하고 그들의 경험 세계에 맞게 말해야 한다. 예수님도 니고데모에게는 바람을 비유로, 사마리아 여인에게는 물을 비유로 해서 영적인 진리에 대해 말씀해 주셨다. 우리도 예수님의 본보기를 따르는 것이 마땅하다. 거기서 더 나아가 예수님은 그런 비유들을 통해 복음 중에서도 특히 이들의 필요에 적합한 일면을 강조하셨다. 우리도 좌절감, 지루함, 두려움, 외로움, 무의미함과 같은 현대인의 절실한 필요에 대해 민감하게 깨어 있어야 한다. 어떤 열성적인 사람은 의식을 잃은 사람에게 강력한 인공호흡을 해 주었는데, 나중에 보니 그 사람은 갈빗대가 부러진 사람이었다고 한다! 우리는 이처럼 다른 이들에게 부적절한 처방을 하지 않도록 주의해야 한다.

그러나 우리는 사람들의 절실한 필요를 채워 주는 것만으로 만족해야 하는가? 누군가가 외로워한다면, 그에게 친구 되신 예수님에 관해 말해 주는 것으로 충분한가? 혹은 좌절한 사람에게 예수님이 제공해 주시는 목적의식에 대해서만 말해 주면 되겠는가? 우리는 사람들이 올바른 질문을 하지 않는 상황을 그냥 묵인해야 하는가? 만약 그렇다면, 우리는 복음 전하는 일 자체를 완전히 포기해야만 할 것이다. 그것은 소경이 소경을 인도하는 격이다. 그것은 어떤 의사가, 환자가 자기 병에 대해서 말하는 대로 자세히 듣고는, 그것을 그대로 인정하고 즉시 그에 따라 처방을 내리는 경우와 마찬가지다. 의사 자신은 진찰도, 나름대로의 진단도 해 보지 않은 채 말이다. 의사에게는 이런 행동이야말로 가장 무책임한 행동이다. 이것은 환자 스스로 의사가 되게 하는 것과 똑같다. 그렇게 해서는 안 된다. 의사의 임무는 환자가 자기 문제를 스스로 판단하게 하는 것이 아니라, 환자의 말을 듣고 진찰한 다음에 그 나름대로 판단을 내리는 것이다. 그런 연후에 의사는 처방을 내리고 왜 그 처방이 환자에게 필요한지를 이해시키면서 환자가 치료에 협조할 수 있도록 이끌어야 한다.

이 비유가 그렇게 완벽하진 못하다 해도, 우리가 말하고자 하는 바를 설명하기에는 충분하다. 인간은 병들어 있다. 죄로 병들어 있다. 그런데 많은 사람이 이 사실을 모르고 있다. 이들은 복음이라는 약을 기꺼이 복용하기 전에, 자신에 관한 진실을 알고 그것을 믿을 수 있어야 한다. 그들이 스스로 내리는 진단을 나약하게 묵인해 주면, 우리는 나쁜 의사가 되어 의사 명부에서 삭제되고 말 것이다. 우리는 유대 선지자들과 예언자들의 전철을 밟게 될 것이다. 하나님은 그들을 향해 이렇게 말씀하셨다. "그들이 내 백성의 상처를 가볍게 여기면서 말하기를 '평강하다, 평강하다' 하나 평강이 없도다."[43]

신약 시대에 사람들이 얼마나 올바른 질문들을 했는지 보면 참으로 놀랍다. 젊은 관원은 이런 질문을 가지고 예수님께 달려왔다. "내가 무엇을 하여야 영생을 얻으리이까?"[44] 오순절에 베드로의 설교를 들은 군중은 "마음에 찔려" 이렇게 울부짖었다. "형제들아, 우리가 어찌할꼬?"[45] 그리고 빌립보의 간수는 바울과 실라가 갇혀 있던 방으로 뛰어들어가 무서움에 떨며 그들 앞에 엎드려 이렇게 물었다. "선생들이여, 내가 어떻게 하여야 구원을 받으리이까?"[46] 오늘날 사람들도 이렇게 직접적인 질문들을 더 자주 해 온다면 얼마나 좋겠는가! 오직 성령만이 그들로 하여금 그렇게 하게 하신다. 어떻게 이런 일이 일어나는지, 성령께서 어떻게 사람들로 하여금 죄에 대해 깨닫게 하시는지에 대해서는 마지막 장에서 논하기로 하자. 우선 여기서 꼭 말하고 싶은 바는, 우리가 죄와 구원에 관해 말하기를 그치고 우리의 메시지에서 이 부분을 삭제해 버린다면, 그것은 복음을 배신하는 행위라는 것이다. 17세기에 중국

---

43   렘 6:14.
44   막 10:17.
45   행 2:37.
46   행 16:30.

에 들어간 예수회는 중국인의 감정을 상하지 않게 하려고 복음의 내용 중에서 십자가에 달리신 사건과 그 외 몇 가지 내용을 제외했다. 그러나 휴 트레버로퍼(Hugh Trevor-Roper) 교수는 이렇게 적고 있다. "그들은 복음 이야기에서 반대할 만한 내용을 전부 빼 버리기까지 했지만, 끝까지 변치 않는 회심자는 그리 많이 얻지 못한 것으로 알고 있다."[47]

그러나 복음을 가지치기하는 일을 거부하고, 복음의 기본 주제인 죄와 구원을 선포하는 일을 계속한다는 것이, 죄에 대한 자각이 엿보이기까지 구원에 대해 절대 말할 수 없다는 뜻인가? 그렇지는 않다. 여기서 꼭 짚고 넘어가야 할 점이 두 가지 있다. 첫째는, 경험적으로 볼 때, 회심한 사람들 중에도 자신의 죄와 죄책에 대한 분명한 이해나 의식 없이 회심한 사람들이 많이 있다. 이는 사실이 그렇다는 것이지, 복음 선포에서 죄를 삭제해도 된다고 보장하는 말이 아니다.

둘째로, 성경의 가르침이나 우리의 경험으로 확인할 수 있는 것으로서, 사람들은 때로는 중생 이전이 아니라 중생 이후에 죄의 심각성에 대해 감지한다. "또 새 영을 너희 속에 두고 새 마음을 너희에게 주되…내가 너희를 모든 더러운 데에서 구원하고…그때에 너희가 너희 악한 길과 너희 좋지 못한 행위를 기억하고 너희 모든

---

[47] 1959년 12월 1일자 「타임스」에 실린 편지에서.

죄악과 가증한 일을 말미암아 스스로 밉게 보리라."⁴⁸

믿음의 응답

지금까지 우리는 하나님의 복음 중에서도 특히 그리스도와 인간, 은혜와 죄에 대해 집중적으로 생각해 보았다. 이제 복음의 세 번째 요소로서 그리스도에 대한 인간의 반응을 살펴볼 차례다. 아무리 그리스도께서 십자가에서 자신의 사역을 완성하셨다 해도, 그분은 자신의 구원을 인간들에게 강요하지 않으시며, 또한 인간들이 자동적으로 그 사역의 덕을 보는 것도 아니기 때문이다. 죄인인 인간 개개인이 '그분의 고난으로 오는 은혜'를 받고 누리기 위해서는 십자가에 달리신 그리스도를 '믿어야' 한다.

신약성경에는 믿음이 매우 다양하게 묘사되고 예시되어 있다. 그러나 그 핵심은 굳건한 신뢰다. 제4복음서는 믿음의 본질에 대해 많은 것을 가르쳐 준다. 여기서는 그리스도를 '믿는' 것과 그리스도께 '오는' 것을 같은 것으로 본다.⁴⁹ 두 표현 다 어떤 움직임, 자기를 바치는 행동을 암시한다. 그리고 요한은 우리 주님이 묘사하신 믿음의 생생한 예시 두 가지를 기록하고 있다. 예수님은 니고데모와의 대화를 이런 말로 끝맺으신다. "모세가 광야에서 뱀을 든 것같

---

48 겔 36:26-31.
49 예를 들면, 요 6:35; 7:37-38.

이 인자도 들려야 하리니, 이는 그를 믿는 자마다 영생을 얻게 하려 하심이니라."[50] 호르산 가까이에서 독뱀에 물려 치명상을 입은 이스라엘 백성의 상태는 바로 인간의 영적 상태, 즉 자신의 죄로 멸망할 상태를 나타내는 비유로 쓰이고 있다. 그리고 이스라엘 백성이 낫기 위해서는 높이 들린 놋뱀을 쳐다보아야 했듯이, 구원받는 믿음이란 영생을 얻기 위해 십자가에 못 박히신 그리스도를 바라보는 것이다.

두 번째 예시는 "생명의 떡"에 관한 구절인 요한복음 6장 말씀에서 볼 수 있다. 예수님은 47절에서 "믿는 자는 영생을 가졌나니"라고 말씀하시고, 54절에서는 "내 살을 먹고 내 피를 마시는 자는 영생을 가졌고"라고 말씀하신다. 그리스도의 살은 그분이 "세상의 생명을"(51절) 위해 주시는 것이기 때문에, 그분의 피는 기꺼이 희생한 혹은 기꺼이 바친 그분의 생명이기 때문에 그리고 '먹고 마시는 것'이 '믿는 것'과 동일시되고 있기 때문에, 우리는 이렇게 결론을 내릴 수 있다. 구원받는 믿음은 십자가에 못 박히신 그리스도를 개인적으로 전유하고 누리는 것이다.

이 두 가지의 대담한 이미지가 충격적인 이유는 그것들이, 믿음의 대상은 바로 십자가에 못 박히신 그리스도, 십자가에 달려서 피를 쏟으신 그리스도라고 말하기 때문이다. 더 나아가서 이 두 가

---

50   요 3:14-15.

지 비유는 믿음의 가치란 믿음 자체에 있는 것이 아니라, 전적으로 믿음의 대상에게 있음을 보여 준다. 인간을 멸망에서 구원하여 영원한 생명으로 인도하는 것은 믿음의 눈이 아니라 그 눈이 바라보는 높이 들린 그리스도시며, 믿음을 고백하는 입술이 아니라 자신의 살과 피를 영적으로 소진시켜 희생하신 그리스도시다. 따라서 믿음의 유일한 역할은, 단번에 죽으시고 이제 구세주가 되셔서 우리에게 자신을 내어 주시는 그리스도를 자기의 것으로 만드는 일이다. 구원은 오직 그리스도의 은혜에 의해서, 오직 인간의 믿음을 통해서만 주어진다.

그렇다면 회개와 복종은 무엇인가? 사도들은 복음을 전파할 때 회개하라고 꾸준히 부르짖었다. 그러나 오늘날 이 부르짖음은 종종 사그라들곤 한다. 오늘날 어떤 복음 전도자들은 그리스도를 구원자로서 받아들이는 것과 그분을 주인으로 모시고 그분께 복종하는 것을 분리시켜서 회심 시에는 전자만 강조하고 후자는 훗날로 미룬다. 심지어 그들은 이렇게 반박한다. 복음을 전할 때 믿음에 회개를 첨가시키는 것은 '솔라 피데'(*sola fides*), 즉 '오직 믿음으로'라는 교리를 범하고 '행위'의 중요성을 받아들이는 것이라고 말이다.

그렇지 않다. 그리스도를 왕으로 모셔야 한다는 부르심은 "복음 전도의 추가 사항이 아니다. 그것은 복음의 총체적인 부분이다.… 그리스도를 믿는 것과 그분께 복종하는 것은 서로 다른 두 가지 행동이 아니라, 한 가지 행동 속에 들어 있는 두 가지 측면이다. 그리스도를 구원자로서 신뢰하고 그분을 주님으로 인정하는 것은 불가분의 관계에 있다. 후자는 전자의 진위를 시험할 수 있는 엄정한 테스트다."[51] 바울은 고린도 교회에 보내는 서신에서, 자신의 복음 전파에 대해 "우리는 십자가에 못 박힌 그리스도"[52]와 "그리스도 예수의 주 되신 것"[53]을 전한다고 말했다. 우리가 전하는 그리스도는, 죽음을 통해 우리의 구세주가 되시고 부활하사 높이 들리시어 우리의 주님이 되신 한 분 그리스도시다. 그분의 구세주 되심과 주 되심을 분리시킴으로써 그분을 여러 조각으로 나누는 것은 절대 불가능하며, 따라서 구세주 되심은 믿으면서 주 되심은 인정하지 않는다는 것도 불가능하다(반대의 경우도 마찬가지다). 정말 그렇다. 구원받는 믿음의 대상이신 그분은 정확히 말해 '주 예수 그리스도'시다.[54]

따라서 그리스도인 복음 전도자가 갈망해야 할 사람들의 반응은 "믿어 순종하게" 되는 것이다.[55] 그리스도를 인정하는 믿음은 또한 그리스도께 굴복하는 믿음이다. 여기에는 어떤 타협도 조건

---

51 R. B. Kuiper, *God-Centered Evangelism*, pp. 169-170. 이런 맥락에서 헬라어 동사인 *peitho*의 수동형은 '권함을 받다'이다. 따라서 '믿다'로 번역되거나(예를 들면, 행 17:4; 28:24) '순종하다'로 번역될 수 있다[예를 들면, 롬 2:8(개역개정에는 '따르다'는 말로 번역되어 있다-편집자); 갈 5:7].

52 고전 1:23.

53 고후 4:5.

54 행 16:31, KJV.

55 롬 1:5; 16:26(문자적으로).

부도 있을 수 없다. 회개와 복종은 믿음에 추가되는 요소가 아니다. 진실하고 살아 있으며 구원에 이르는 믿음은 완전한 그리스도에 대한 완전한 헌신이어서, 회개와 복종을 포함한다. 이것이 '회심'이다. 회심이란 갑작스러운 것인지 점진적인 것인지, 그리고 회심이 거듭남이나 세례와 어떤 관련성이 있는지에 대해서는 마지막 장에서 논하기로 하겠다.

이리하여 우리가 전파하는 복음은, 그 복음을 받아들이는 사람이면 누구나 새로운 삶을 살게 될 것을 기대한다. 이 삶은 그리스도의 멍에를 메고 사는 삶,[56] 그리스도의 십자가 아래에서 시작되어 날마다 자기 십자가를 지고 그분을 따르는 것으로 지속되는 삶이다.[57]

이렇게 우리가 바라는 반응이 '믿어 순종'하는 것이라면, 어떻게 이런 믿음을 이끌어 낼 수 있겠는가? 이것은 분명 성령께서 하시는 일이다. 성령이 아니고서는 "누구든지 예수를 주시라 할 수 없느니라."[58] 그러므로 소위 '결단주의'에는 엄청난 위험이 도사리고 있다. 이것은 인간이 해야 할 모든 것은, 기운을 차려서 의지력을 발휘해 '그리스도를 믿기로 결정하는' 것이라는 생각이다. "영국의 회심을 향하여"에서도 가끔 이런 식의 어조가 보인다. 이 책은

---

56   마 11:29.
57   눅 9:23.
58   고전 12:3.

"구원이란 처음부터 끝까지 하나님 쪽에서 인간을 향해, 위에서 아래로 개입하시는 행위"이며, 심지어는 구원을 받아들이는 인간의 행위도 성령의 역사하심 덕택이라고 인정하고 있다.[59] 그러나 이 책의 다른 부분에서는 "그리스도를 믿기로 결단할 것을 호소함"이라고 언급함으로써 앞의 내용을 흐리고 있다. '결단'이나 '결단 카드'라는 말이 비록 현실적으로 편리한 말인 것은 확실하지만, 그 말 자체가 너무 인간 중심적이어서 오해의 소지가 매우 크다. 신앙개조 제10항("자유 의지에 관하여")은 좀 더 성경적이다. "아담의 타락 이후 인간은 타고난 능력과 선행으로는 하나님에 대한 믿음과 그분께로의 부르심을 향해 돌이켜 나아갈 준비를 할 수 없다."

이 말은, 그렇기 때문에 복음 전도자는 아무것도 하지 말고 오로지 하나님이 일하시기만을 기다려야 한다는 의미인가? 아니다. 사실은 그렇지 않다. "그들이 믿지 아니하는 이를 어찌 부르리요? 듣지도 못한 이를 어찌 믿으리요? 전파하는 자가 없이 어찌 들으리요?"[60] 하나님이 불신자들 속에 믿음을 불러일으키시기 위해 선택하신 방법은 바로 그분의 말씀을 전하는 방법이다.[61] 믿는 자들을 구원하시는 하나님의 일은 아직도 "전도의 미련한 것"을 통해서 이루어진다.[62] 그러므로 우리는 복음을 해석하고 설명하는 일에 충

---

59 p. 145.
60 롬 10:14.
61 롬 10:17.
62 고전 1:21.

실해야 한다. 그리고 그 이상으로 더 나아가야 한다. 사실 사람들이 하나님과 화목하기를 그리스도의 이름으로 간절히 호소하고 탄원한 선례가 성경에 나온다.[63] 우리의 전도가 그러한 호소력을 지니지 못한다면, 우리의 복음 전파는 한쪽으로 치우칠 수밖에 없다.

지금까지 우리는 하나님의 복음을 구성하는 가장 중요한 세 가지 요소에 대해 알아보았다. 그것은 예수 그리스도와 그분의 십자가에서의 죽으심, 죄와 심판 아래 있는 인간의 곤경과 위태로움 그리고 "믿어 순종"해야 할 인간의 반응이었다. 이것을 짧은 단어로 간단히 말한다면 '죄인-은혜-믿음'이 될 것이다. 이것은 더 이상 축소할 수 없는 최소한의 것이다.

너무 신학적인가? '최소한의 진리만을 전하기 위해 노력해야' 하며 '교리적인 설명을 하지 말고' 그리스도를 증언해야 한다는 말은 나도 들었다. 그러나 사도들은 이 견해에 대해서 분명히 반기를 들 것이다. 사도들이 제시한 복음은 지적인 내용이 엄청나게 풍부하다. 그들은 성경을 들추면서 사람들에게 '논리적으로 설명했고,' 자신들이 전하는 내용의 진실성을 그들에게 '설득시키고자' 애썼다.[64] 따라서 때때로 그들은 회심이란 진리에 대한 믿음 어린 인정이라고 말했고,[65] 심지어는 듣는 이들에게 주어진 '표준적인 가르침'에

---

63 고후 5:20.
64 예를 들면, 행 17:2-4; 19:8-10.
65 예를 들면, 살후 2:10-12.

헌신하고 순종하는 것이라고 말했다.[66] 예루살렘 성경은 로마서 6:17을 이렇게 번역하고 있다. "여러분은 여러분이 가르침 받은 그 신조에 유보 없이 헌신하였습니다." 그러므로 우리는 "영국의 회심을 향하여"에서 말한 대로 "'복음을 전한다'는 것은 기독교 교리를 전한다는 것이다"[67]라는 말에 동의해야 한다.

---

66 롬 6:17.
67 p. 66.

3장

하나님의 교회: 복음 전도의 주체

우리는 왜 복음 전도가 마땅한 일이자 꼭 필요한 일인지 몇 가지 핵심적인 이유를 살펴보았고, 선포해야 할 메시지의 내용에 대해서 생각해 보았다. 그러면 메시지를 전하는 사람은 누구인가?

이에 대한 최우선적이고도 근본적인 대답은 '하나님 자신'이다. 복음은 하나님의 복음이다. 하나님이 복음을 고안하셨고, 거기에 내용을 부여하셨다. 그리고 그것을 공포하신다. 하나님이 우리에게 "화목하게 하는 직분"과 "화목하게 하는 말씀"을 위임하셨다고 해서 앞의 사실이 변경되는 것은 아니다.[1] 하나님은 화목을 성취하시기 위해서 '그리스도를 통하여' 일하셨고, 지금은 그것을 알리시려고 "우리를 통하여" 일하신다.[2] 그러나 지금도 하나님은 여전히 화목자요 선포자시다.

---

1   고후 5:18, 19.
2   고후 5:18, 20.

하나님은 구원을 공포하는 사역을 부분적으로 교회에 위임하시기 전에, 좀 더 고귀한 다른 대행자에게 이 일을 맡기셨었다. 구약의 선지자들을 제외하면, 복음의 첫 번째 전령은 천사였다. 그리고 천사가 맨 처음으로 복음을 선포하자, 야웨의 영광이 드러나고 하늘의 천군 천사가 예배드리며 경축하였다.[3]

그다음으로 하나님은 자신의 아들, 복음의 사신이자 복음 자체이신 예수님을 보내셨다. 하나님은 "예수 그리스도로 말미암아 화평의 복음"을 전하셨던 것이다.[4] 따라서 예수님은 하나님과 인간 사이, 유대인과 이방인 사이를 "화평하게 하[셨을]" 뿐 아니라, "평안을 전하셨[다.]"[5] 그분은 팔레스타인 전역을 돌아다니면서 하나님 나라의 좋은 소식을 알리셨다.

다음으로, 하나님은 그리스도를 증언해 주는 자신의 성령을 보내셨다.[6] 그러므로 성부 자신이 성령을 통해 성자를 증언하신다. 그러고 나서야 그분은 교회에게 복음 증거에 동참할 수 있는 특권을 수여하신다. "너희도 처음부터 나와 함께 있었으므로 증언하느니라."[7]

이 겸손하게 하는 진리를 기억하는 것이 중요하다. 최고의 복음

---

3 눅 2:8-14.
4 행 10:36.
5 엡 2:14-17; 골 1:20.
6 요 15:26.
7 요 15:27(문자적으로).

전도자는 하나님 아버지시며, 그분은 인간에게 복음 전도의 사명을 맡기기 전에 이미 천사들과 그분의 아들과 그분의 영을 통해서 복음을 선포하셨다. 순서는 이렇게 되어 있다. 교회는 이 순서의 맨 마지막에 온다. 그리고 교회의 증거는 항상 성령의 증거에 종속될 것이다. 우리가 증언하고 성령께서 확증하시는 것이 아니라, 사실은 성령께서 증언하시고 우리가 그것을 확증하는 것이다.

이렇게 말한다고 해서 하나님이 우리에게 맡기신 사역의 중요성이나 그 명예로움을 과소평가해서는 안 된다. 하나님 아버지는 인간의 협력 없이도 성령을 통해서 사람들을 쉽게 하나님께로 인도하실 수 있다. 그러나 그분은 일반적으로는 그렇게 하지 않기로 결정하셨다. 대신 자신의 교회를 지명하시어 세상 끝까지 복음의 전령이 되도록 하셨다. 사도행전 8, 9, 10장에는 하나님이 복음 전도에 인간을 사용하신 놀라운 실례들이 적혀 있다. 이 성경 본문에서 커튼은 걷혔고, 우리는 커튼 뒤에 가려졌던 장면들을 볼 수 있도록 허락을 받았다. 우리는 하나님이 추구자와 전도자의 상황 양쪽에 개입하셔서 일하사 눈에 보이지 않는 회심의 드라마가 펼쳐지는 것을 지켜본다. 8장에서 하나님은 빌립을 에티오피아의 내시에게로 인도하신다. 9장에서 다소 사람 사울은 다마스쿠스 도상에서 아무런 인간적 개입 없이 그리스도 예수를 만나 '두려움에 떨게' 된다. 그리고 아나니아를 통해 교회에 받아들여진다. 10장에서 하나님은 고넬료를 시켜 하인을 베드로에게 보내게 하시고, 그러는 동안 베드로에게는 그들과 함께 가이사랴로 가라고 인도하신다.

그리고 이제 하나님은 자신의 백성 즉 교회를 복음 전도를 위한 대행자로 택하신다. 이 진리는 신약성경 중에서도 베드로전서 2장에 가장 강력하게 선포되어 있다. 베드로는 교회를 "택하신 족속이요, 왕 같은 제사장들이요, 거룩한 나라요, 그의 소유가 된 백성"[8]이라고 부른다. 그러나 이것은 그가 만들어 낸 표현이 아니다. 그는 이 표현을 출애굽기 19:5-6에서 빌려 왔다. 여기서 하나님은 모세를 불러 말씀하실 때 속량받은 이스라엘에 대해 이러한 표현을 사용하시며 그들과 언약을 맺고자 하신다. 베드로는 성령에 이끌리어 대담하게 이 표현들을 하나님의 새 이스라엘 백성인 교회에 다시 적용하고 있다. 과거에 육체를 따라 이스라엘 백성들이 차지하였던 하나님의 선택된 백성으로서의 독특한 위치를, 오늘날은 그리스도의 교회가 차지하고 있기 때문이다.

그런데 왜 하나님은 자신의 백성을 이렇게 왕 같은 제사장들이자 거룩하고 특별한 공동체로 부르셨는가? 그 주된 이유는 그들 자신의 유익을 위해서가 아니다. 그들은 하나님과 이 세상을 위해 선택받은 것이다. 따라서 하나님의 구속을 받은 백성으로서 교회의 첫째 의무는 예배하는 것이다. 곧 "예수 그리스도로 말미암아 하나님이 기쁘게 받으실 신령한 제사를" 드리는 것이다(5절). 그

---

8 9절; 참조. 5절.

리고 이들의 두 번째 의무는 하나님을 증언하는 것이다. "이는 너희를 어두운 데서 불러내어 그의 기이한 빛에 들어가게 하신 이의 아름다운 덕을 선포하게 하려 하심이라"(9절).

그러므로 교회의 최고 역할이 복음 전도라고 말하는 것은 옳지 못하다. 하나님은 하나님 자신을 위해서 자신의 백성을 선택하고 부르셨다. 그들로 하여금 하나님을 섬기고 영화롭게 하기 위해서다. 이것이 그분의 목적이며 백성 된 자들의 의무이기 때문이다. 그러나 교회가 완전히 안으로만 뭉쳐서 자기들끼리만 모이고 완전히 하늘만 바라보면서 바깥 세상에 무관심한 것이 하나님의 목적은 아니다. 교회의 소명은 하나님께 집중하는 동시에 세상을 향하는 것이다. 하나님은 자신의 교회를, 예배하며 증언하는 공동체로 만드셨다.

이 이상은 고상하고 아름답다. 그러나 이 말은 실제로 현실 속에서 무엇을 의미하는가? 현실적인 문제로 들어가 볼 때, 복음 전도적 증거가 모든 교회의 역할이라는 말은 무엇을 의미하는가? 증언해야 하는 사람들은 정확히 누구를 말하는가? 그리고 어떻게 증언해야 하는가?

복음 전도자의 할 일

이 질문에 대한 첫 번째 대답은 이렇게 할 수 있겠다. 즉, 처음부터 그리스도께서는 특정한 '복음 전도자들'을 지목하시고 이 일을 위임하셨으며, 그들에게 '복음 전도'를 위한 특별한 재능과 사명을 주셨다는 것이다. 신약에서 복음 전도자라는 말은 겨우 세 번밖에 나오지 않는다. 바울이 디모데에게 이 단어를 사용했을 때의 의미는, 디모데가 맡고 있는 사역의 한 부분을 지칭한 듯하며, 특별한 은사(charisma)를 말한 것 같지는 않다. "전도자의 일을 하며 네 직무를 다하라."[9] 그러나 나머지 두 군데에서 쓰인 말은 특별한 임명과 재능을 암시한다. 교회의 머리 되신 예수 그리스도는 그분의 몸의 여러 지체들에게 각기 다른 기능을 나누어 주신다. "그가 어떤 사람은 사도로, 어떤 사람은 선지자로, 어떤 사람은 복음 전하는 자로, 어떤 사람은 목사와 교사로 삼으셨으니."[10] 그리고 복음 전도자라는 이름으로 언급된 사람은 신약에서 단 한 번 "일곱 집사 중 하나인 전도자 빌립"[11]이 나온다. 그가 복음 전도의 은사가 있다는 증거는 사마리아에서 복음을 전하고 에티오피아 여왕 간다게의 모든 국고를 맡은 내시를 전도한 데서 잘 드러난다.[12]

지금도 그리스도께서 이런 복음 전도의 은사를 주실 수 있다는 사실은 의심할 여지가 없는 것 같다. 물론 모든 교회와 교인이 복음 전도 사역에 참여하도록 부르심을 받은 것은 사실이지만, 그리

---

9   딤후 4:5.
10 엡 4:11.
11 행 21:8.
12 행 8:4이하, 26절 이하.

스도께서 특별히 '복음 전도자'로 지목하고 구비시킨 사람들이 있다. 그런 사람들은 복음을 쉽게 전하고 사람들로 하여금 그것을 잘 받아들이도록 하는 특별한 능력을 받았다.

영국 국교회는 오늘날 이 사실을 거의 믿지 않는 것 같다. 우리는 재능 있는 복음 전도자들이 영국과 다른 지역에서 그들 스스로의 힘으로 그 일을 수행해야만 하는 상황에 처해 있음을 알고 있다. 교회에서 그들을 공식적으로 인정하고 재정 후원을 해 주지 않기 때문이다. 또 어떤 사람들의 경우 이 고된 사역을 수년간 용감하게 해내다가 결국 가족에 대한 책임 때문에 이 불안정한 생활을 그만두고 좀 더 안정된 사역으로 전환할 수밖에 없었다. 이것은 창피스럽고 불명예스러운 일 아닌가? 그리스도께서 지금도 여전히 특정한 사람들에게 '복음 전도의 은사'를 부어 주시고 그 은사를 활용하도록 부르실진대, 교회는 이런 사람들을 발굴해서 그 소명을 인정해 주고 그들을 따로 세워서, 돈 걱정 없이 사역을 감당할 수 있도록 해 주는 일에 깨어 있어야 할 것이다. 우리가 너무 유연성 없이 교구나 제도적인 성직 체계 내에서의 사역이라는 개념에만 얽매여, 재능 있고 자유로운 복음 전도자들을 위한 여지를 마련해 주지 못해서야 되겠는가 말이다.

또한 국제적·초교파적으로 사역하는 복음 전도자에 대해서도 한마디 언급해야겠다. 특히 우리 시대의 빌리 그레이엄 박사 같은 분이 그런 사람이다. 우리에게 그분을 주시고 그분을 들어 쓰셔서 오늘날 많은 교회에 복음 전도의 사명을 다시금 일깨워 주신 하나님께 감사드린다. 우리는 특별한 경우 '대중 전도 집회'가 차지하는 나름대로의 자리가 있다는 것과, 하나님은 그런 전도 집회를 통해 많은 사람들을 변치 않는 참된 회심에 이르도록 하신다는 것을 인정한다. 동시에 그런 집회에는 위험 요소가 많은 것이 사실인데, 그 점에 대해서는 그레이엄 박사 자신이 잘 인식하고 있다. 모든 대중 집회에는 심리적 요소가 강력하게 작용하기 때문에, 결과적으로 하나님의 영을 의지하기보다는 대중 심리나 조직 자체를 의지하려는 유혹을 받기가 쉽다. 전도 집회는 또한 사람들을 가정, 직장, 교회로부터 고립시킬 수 있고, 그런 **환경**으로부터 벗어나서 회심한 사람들은 다시 환경에 통합되기가 어렵다는 것을 깨닫게 된다. 그리고 어떤 대중 집회들은 씨는 뿌리지 않고 거두기만 하려는 경향, 영적 갓난아이를 양육할 생각은 않고 탄생만 시키려는 경향이 있다. 여기서 또, 소위 '전도 집회'는 그 성격상 간헐적이고 전문적인 리더십에 의해 움직이기 때문에, 비전문가들의 지속적인 책임 속에서 이루어져야 할 순수한 의미에서의 '전도'를 사실상 위축시킬 수도 있다.

빌리 그레이엄은 이 점에 대해서도 나름대로 확신하는 바가 있다. 나는 1956년 12월 프린스턴 신학교에서 존 맥케이(John Mackay) 박사가 개최한, 전도에 관한 회합에서 빌리 그레이엄 박사가 이렇게 말하는 것을 들었다. "모든 교회가 꾸준히 복음 전도에 참여한다면, 저 같은 사람이 필요하리라고 생각하지는 않습니다." 나는 그가 조금 과장해서 말했다고 생각한다. 왜냐하면 그리스도는 '복음 전도자'를 따로 지명하시므로, 복음 전도에 특별한 사명을 가진 사람들에 대한 여지가 얼마든지 있기 때문이다. 그러나 이런 일들은 교회의 정규적인 전도 사역을 보완해 주는 것으로서, 사역을 더욱 활성화시키는 것이어야지 오히려 찬물을 끼얹었거나 그 불씨를 꺼뜨리는 일이 되어서는 안 될 것이다.

그리스도의 증인

특별한 '복음 전도자'에서 이제 일반적인 '증인'에 대한 논의로 넘어가 보자. 증인이라는 말이 사용하기 가장 좋은 말인 것 같다. 하나님은 모든 사람을 '복음 전도자'가 되라고 부르시지 않는다. 또한 그분은 모든 사람을 '목사', '선교사' 혹은 '교사'가 되라고 부르시지는 않는다. 그러나 모든 그리스도인은 '증인'이며 모든 그리스도인이 하나님을 증언하라는 부르심을 받았다.

그러나 이 사실을 증인에 대한 가장 보편적인 성경 구절인 다음 구절에서 따온 것은 아니다. "너희 속에 있는 소망에 관한 이유를 묻는 자에게는 대답할 것을 항상 준비하되."[13] 왜냐하면 이것은 우

---

13   벧전 3:15.

리가 질문을 받을 때만 말하고 도전을 받을 때에만 그리스도인의 소망에 대해 말하라는, 소극적이고 방어적인 증언이기 때문이다.

그리스도께서는 자신의 증인들이 주도권을 쥐기를 기대하신다. "오직 성령이 너희에게 임하시면 너희가 권능을 받고…내 증인이 되리라"라고 그분은 말씀하셨다.[14] 이것은 부활하신 주님이 그분을 따르는 모든 자에게 주신 변치 않는 명령이다. 우리는 성령의 약속하신 바를 제한할 수 없듯이, 증인이 되라는 명령도 제한할 수 없다. 그렇다고 그리스도의 증인들이 무분별하거나 무례해도 괜찮다는 말은 절대로 아니다. 그리스도에 대한 증거는 자발적이고 신선하며, 내면의 샘이 자연스럽게 흘러나오는 것이어야 한다.[15]

그런 증거는 모든 신자에게 기대되는 것이다. 우리는 복음을 우리 자신의 것으로만 끌어안고 있을 수 없다. 복음은 다른 사람들을 위해서 우리에게 위임된 것이다. 우리는 복음의 청지기다. 우리는 이 세상을 위해서 복음을 간직하는 것이다. 바울 서신 중에서 모든 신자가 증인이 되어야 한다는 요구 사항이 가장 명백하게 언급되어 있는 곳은 빌립보서다. 바울은 말하기를, 만약 빌립보 사람들이 캄캄한 하늘에 떠 있는 별들처럼 밝게 빛을 비추지 않는다면, 만일 그들이 훌륭한 요리를 내오는 종업원처럼 생명의 말씀을 전하지 못한다면, 그리스도인으로서 애쓴 그의 모든 수고와 경주

---

14 행 1:8.
15 참조. 요 4:14; 7:37-39.

를 헛된 것으로 여긴다고 했다.¹⁶ 바울은 그들의 회심이나 그들이 영화로워지는 것에 만족하지 않았다. 그들은 복음 전도에도 적극적으로 참여해야 했다.

현대 교회는 성경이 마음속에 그리고 있는 '모든 지체의 움직임'이 사실은 '모든 지체의 증인 됨'을 말하는 것임을 점점 더 인식해 가는 것 같다. 인도 남부의 도나칼 교구의 감독인 아자리아(Azariah)는 새로 세례를 받는 사람들에게 각자 자기 손을 자기 머리에 얹고 그를 따라 이렇게 말하게 하곤 했다. "나는 세례받은 그리스도인입니다. 만일 복음을 전하지 아니하면 내게 화가 있을 것입니다."¹⁷ 그리고 라틴 아메리카 선교국은 수년 동안 '깊이 있는 복음 전도'라는 프로그램을 시행하고 있다. 이것은 장기간에 걸쳐 교회 전체를 참여시키고 훈련시키는 프로그램이다.

"영국의 회심을 향하여"에는 윌리엄 템플의 유명한 말이 실려 있다. "목사들만으로는 영국의 복음화를 이룰 수 없다. 목사들이 해낼 수 있는 영역은 극히 적다. 교회의 평신도들이 이 일을 감당하지 않는 한, 영국의 전반적인 복음화는 있을 수 없다…."¹⁸ 이 보고서는 이 주제를 매우 열정적으로 다루었다. 3장은 '전 교회의 사도 됨'이라는 제목을 취했을 정도다. 그리고 굵은 글씨로 이런 선

---

16 빌 2:15-16.
17 참조. 고전 9:16.
18 p. 36.

언문을 적어 놓았다. "복음 전도의 사명은 우리 주님이 온 교회에 위임하신 책임이다. 복음 전도야말로 그리스도인의 소명의 핵심이다."[19]

1948년과 1958년의 램버스 회합 보고서는 둘 다 이와 비슷한 유의 선언을 담고 있다. 1948년 감독이 보낸 회람용 서신에서는 "오늘날 교회의 최고의 사명은…좋은 소식을 들어 보지 못한 사람들에게 그것을 전하는 것입니다"라고 확증하고 있다. 서신은 계속 이렇게 적고 있다. "우리는 모든 백성이 이 운동에 동참할 것을 촉구하며, 이 일을 위해 자원해서 훈련받기를 바랍니다. 이 일에는 남녀노소를 막론하고 각자 감당할 부분이 있습니다."[20] 1958년에 이와 마찬가지 형태의 회람용 서신에서는 "전 세계적인 복음 전도 사명은 '선택 사항'이 아닙니다. 이것은 모든 제자에게 주어진 고상한 소명입니다"[21]라고 되어 있다. 여기서 작은따옴표 속의 표현은 요스트 드 블랭크(Joost de Blank)가 처음 사용한 말이 아닌가 싶다. 그는 이보다 4년 전에 『행동하는 교구』(*The Parish in Action*)에서 이 표현을 사용한 바 있기 때문이다.[22] "복음 전도는 **교회의 정상적인 삶**이지, 선택 사항일 수가 없다."[23]

---

19 p. 40.
20 제1부, p. 17.
21 p. 1.25.
22 p. 17.
23 p. 100.

1958년 램버스 회합 보고서에서 세 문장만 더 인용해 보자. "복음 전도는 선택된 소수의 사명이라고 생각할 수 없는 문제다.…그것은 모든 그리스도인이 해야 할 일이다. 안드레가 '우리가 메시아를 만났다'고 말하면서 자기 형을 예수님께 데리고 온 것처럼 말이다."[24] 또 "복음 전도는 그리스도의 모든 지체에게 주어진 의무이자 특권이다."[25] 또 이 일은 "전문가, '직업적인 선교사'에게만 위탁할 수는 없는 일이다.…교회의 선교 사명은 **온 교회가 온전한 복음을 들고 온 세상으로 나아가는 것이다**. 선교 활동이란 (먼 바다 저편에 있는 섬에서든지, 아니면 영국이나 미국의 복음화되지 않은 사람들을 향해서든지 간에) 그런 부류의 일을 좋아하는 열정주의자들이나 하는 '선택 사항'이라고 생각하는 것은, 복음을 완전히 잘못 이해한 것이다…."[26]

복음 전도가 전 교회와 교회 구성원 모두의 책임이라는 것이 당연하다면, 첫 번째 필수 조건은 접촉—친밀한 개인적 접촉이다. 누룩은 반죽 속에 들어가지 않는 한 부풀리는 일을 할 수 없다. 소금도 고기에 문지르지 않는 한 고기의 부패를 막을 수 없다. 등경 아래 감추어져 있는 등불은 그 집을 환하게 비출 수 없다.

---

24 p. 275.
25 p. 264.
26 p. 266.

세상과의 동일화

예수님은 이런 비유들을 통해 자신의 선교 방식을 우리가 해야 할 선교의 원형으로 제시하심으로써 모든 오해의 소지를 없애셨다. "아버지께서 나를 세상에 보내신 것같이 나도 그들을 세상에 보내었고." "아버지께서 나를 보내신 것같이 나도 너희를 보내노라."[27] '…같이 보내노라'는 표현은 선언 그 이상의 의미가 있다. 이것은 하나의 유형을 제공한다. '선교'에는 교회, 복음 그리고 세상이 관련된다. 그러나 여기서 교회란 귀먹고 관심 없는 세상과 멀리 떨어져서, 지붕 꼭대기에서 복음을 읊조리는 그런 교회를 말하지 않는다. 여기서 교회는 세상에 복음을 전하기 위해 복음을 들고 세상 속으로 들어가는 교회다.

성자 예수님은 자신이 보냄받은 세상 속으로 들어와 세상과 '동일화'하셨다. 이것은 의심할 여지가 없이 명백한 사실이다. 예수님은 하늘에 머물러 계시지 않았다. 세상 속으로 들어오셨다. 말씀은 하늘에서 들려오지 않았다. "말씀이 육신이 되었다." 그리고 그분은 "우리 가운데 거하셨다." 그분은 우리를 슬쩍 한 번 방문한 뒤 서둘러 집으로 돌아가시지 않았다. 그분은 자신이 들어오신 세상 속에 머무르셨다. 그분은 인간들에게 자신의 영광을 볼 수 있는

---

27 요. 17:18; 20:21.

기회를 주셨다. 그러나 그분은 사람들이 먼 발치에서만 그분을 응시하게 하지는 않았다. 그분은 당시 교회 지도자들이 인간쓰레기라며 멀리하던 사람들과 함께 다니시면서, 지도자들을 창피스럽게 하셨다. 그들은 그분에게 "세리와 죄인의 친구"라는 별명을 붙였다. 이 말은 그들에게는 오명이었으나, 우리에게는 명예다. 또한 예수님은 손댈 수 없는 나병환자를 만지셨다. 창녀의 어루만짐에 뒷걸음질 치지 않으셨다. 그리고 그분은, 탄생과 함께 "육신이 되[신]" 그분은 죽음을 통해 "죄로 삼으신" 바 되었고 "저주를 받은 바" 되셨다.[28] 그분은 우리의 본성을 떠맡으셨다. 이제 그분은 우리의 허물과 운명과 죽음을 대신 떠맡으셨다. 그분의 인간에 대한 동일화는 철저하고 완전했다.

그러므로 그분이 우리에게 "가라"고 말씀하실 때의 의미는 바로 이런 의미다. "주님은 그분이 우리의 육신을 입으셨던 것처럼, 자신의 교회도 세속 세상을 옷 입도록 부르셨다. 그렇지 않다면 우리는 '성육신'을 그리 심각하게 생각하지 않을 것이다."[29] 우리는 그분이 가셨던 것처럼 인간 사회 속으로 파고들기 위해, 비신자들과 뒤섞이기 위해, 죄인들과 친구가 되기 위해 가야만 한다. 교회의 가장 큰 실패 중 하나가 바로 여기 있지 않은가? 우리는 세상과 너무 동떨어져 있다. 우리는 뒷걸음질 치는 공동체가 되어 버렸다. 우리는 함

---

28 요 1:14; 고후 5:21; 갈 3:13.
29 *Witness in Six Continents*, pp. 151, 158.

께 가기보다는 멀찌감치 떨어져 있다. 배트(W. Batt) 소령은 복음 전도의 실상을 "토끼 굴속의 기독교"라고 풍자하였다. 그는 이렇게 묘사하고 있다. 새침한 작은 그리스도인 한 사람이 마치 토끼가 토끼굴에서 나오는 것처럼 매일 아침 자기네 기독교 가정에서 톡 튀어나와 위험한 바깥 세상에 잠시 용감하게 뛰어든다. 그러고는 또 다른 안전지대인 '기독교 직장'으로 사라져 온종일 보낸다. 그리고 일이 끝나면, 그는 다시 세상에 나타날 용기를 쥐어 짜내서 여기저기를 살펴보면서, 세 번째 구멍인 '기독교 모임'으로 얼른 뛰어 들어간다.

물론 모든 캐리커처가 그렇듯이 이 캐리커처도 과장된 것이다. 그러나 이것은 너무나 사실이어서, 비단 기독교적으로 격리되어 그 현상을 즐기고 있는 평신도뿐 아니라 성직자들도 고통스러울 만큼 당혹스럽게 한다. 성직자들의 전반적인 훈련은 그들을 사람들로부터, 최소한 산업 현장 속에 있는 직장인들로부터 고립시키기 때문이다. 이 점에 대해서 의심이 가는 사람은 아베 미코노(Abbé Michonneau)가 자신의 저서 3장 '성직자들의 문화'에서 숨김없이 털어놓는 내용을 읽어 보라.[30]

대부분의 사람은 최소한 세상과 세 가지 접촉점을 가지고 있다. 직장(그리스도인으로만 구성된 업체에 고용되어 있지 않은 한), 이웃과 어울려 사는 가정 그리고 운동 모임, 사교 모임, 정치 활동, 지역 사회

---

30 *Revolution in a City Parish*, pp. 131-149.

봉사나 여가 활동을 위해 가입한 모임이 그것이다. 우리는 비그리스도인들과 접촉할 수 있는 이 모든 기회를 환영해야만 한다. '세상 속으로' 들어간다고 해서 굳이 먼 나라로 여행을 하거나 원시부족을 찾아가야 하는 것은 아니다. '세상'이란 하나님을 부정하는 세속적 사회를 말한다. 그리고 그런 세상은 우리 주변에 펼쳐져 있다. 하나님이 우리를, 하나님을 알지도 못하고 경외하지도 않는 사람들 사이로 보내실 때가 바로 그리스도께서 우리를 '세상 속으로' 보내실 때다. 그 세상은 우리가 걸어 다니는 거리일 수도 있고, 회사 사무실이나 가게, 학교, 병원, 공장, 심지어는 우리의 가정일 수도 있다. 그리고 여기 이 세상에서 우리는 사람들을 사랑하고 섬기며, 순수하고 희생적인 우정을 주라는 부르심을 받았다. 역설적으로 말한다면, 그리스도를 증언할 유일하고도 진정한 환경은 바로 세상이다.

때로 그리스도인이 세상과 연결되는 방식은 인공위성을 닮은 것 같다. 그는 세상과 접촉은 하지만, 대기권 밖에서 궤도를 따라 움직인다. 그리고 그가 세상 속으로 들어가는 일은 마치 인공위성이 대기권으로 재진입하는 것처럼 어렵고 위험해 보인다. 진정한 '진입'은 반드시 필요한 일이지만 이에 대해 오해해서는 안 된다.

이 점을 좀 더 자세히 살펴보자. 사이먼 핍스(Simon Phipps)는 이렇게 썼다. "우리는 교회의 사명은 보통 사람들이 지니고 있는 세속적인 관심사 속에 굳건히 서서 그들과 함께 이러한 관심사들의 진정한 의미를 파헤치는 것이라고 믿는다.…중요한 것은 울타리 밖에서 안쪽을 향해 복음을 외치는 것이 아니라, 그들 속에서 그들과 함께 복음의 의미를 발견하는 것이라고 생각한다." 이 말은 어느 정도 맞는 말이다. 그러나 여기서 사용한 대조법은 좀 심하다. 분명 우리는 보통 사람들의 "세속적인 관심사 속에 서도록" 부르심을 받았다. 그러나 그렇다고 해서 대안이 "울타리 밖에서 복음을 외치는 것"과 "그들 속에서 그들과 함께 복음의 의미를 발견하는 것"밖에 없는가? 우리의 사명은 복음의 '전령'이 되어 그것을 '선포'하는 것이며, 이 일을 겸손하고 동감 어린 마음으로 적실성 있게 하기 위해서는, 먼저 사람들에게 외칠 필요가 전혀 없을 정도로 그들과 가까워져야만 한다.

따라서 우리는 두 가지 극단을 피해야 한다. 첫째로, 선포 없이 동일화만 하는 것으로서, 아무런 말도 하지 않고 사람들을 그리스도께로 인도하고자 하는 의도도 전혀 없는 상태로 그저 사람들과 함께 있기만 하는 경우다. 우리는 하나님이 우리에게 부여하신 복음 선포의 의무를 포기할 수 없다. 데이비드 윈터(David Winter)가 집요하게 관찰한 바대로, 오늘날 많은 곳에서는 "사람을 낚는다'는 비유가 완전히 시대에 뒤진 것으로 여겨지고 있다. 우리 주께서 베드로에게 사람을 낚는 어부가 되라고 하신 말씀이 잘못된 말처럼 보인다. 주님은 베드로에게 개구리 옷을 입고 물고기들과 동일

화되라고 말씀하셨어야 했던 것 같다!"³¹

이와 동일하게 잘못된 태도는 바로 사람들과의 동일화 없이 복음을 선포하는 것이다. 그들의 문제를 이해하려는 노력은 조금도 하지 않은 채, 즉각적인 해결책만을 제시하면서 말이다. 지적인 이방인들을 욥에 비유한 더글러스 웹스터는 복음 전도자들을 욥의 친구들, 즉 "욥의 실존적 상황과는 거리를 둔 채, 쉽게 내뱉는 말, 자기 나름대로 추론한 말, 입담 좋은 교리를 말하는" 사람들에 비유한다. 그는 계속해서 이렇게 말한다. "그들은 말할 준비는 너무나 잘 되어 있지만, 듣는 것에는 매우 느리다. 그들은 절대로 욥의 문제 속으로 들어가려 하지 않는다." 그러고 나서는 "교회는 오해받고 싶지 않다면, 세상을 이해하기 위해 무한한 고통을 감수해야 할 것이다"라고 말한다.³²

비록 현대의 급진주의자들이 선포 없는 동일화, 가르침이 아닌 배움, 말하기보다는 듣기 등을 지나치게 강조하다가 정도를 넘어서긴 했지만, 우리는 전도에 대한 그들의 관심과 공감할 줄 아는 정신에 대해서는 감탄하지 않을 수 없다. 캔터베리의 대감독이 강조한 대로 우리는 "애정 어린 동정심을 가지고 밖으로 나아가서, 의심하는 자들의 의심 속에, 의문을 지닌 사람들의 질문 속에, 갈 길

---

31   *Old Faith, Young World* (Hodder and Stoughton, 1965), p. 45.
32   *What is Evangelism?*, pp. 58, 68.

을 잃은 사람들의 고독 속에 우리 자신을 던져 넣어야 한다."[33]

사람들의 가슴속으로 파고들어 가는 그런 행동은 동정심에서 우러나온 것으로서 불가피하게 많은 대가를 요구한다. 하지만 그렇다고 해서 움츠러들어서는 안 된다. 해외 선교사들은 외국어를 능숙하게 구사하기 위해 수년 동안 혹독한 시간을 보내기도 한다. 우리라고 해서 다른 사람들의 마음의 '언어'를 배우는 데 고생하지 않을 수 있겠는가? 대참사위원 존 테일러(John Taylor)도 이렇게 말했다. "선포란…다른 사람의 세계 속으로 들어가는 아주 오래 걸리는 노력이다."[34]

거룩한 세속성

여기서 한 가지 짚고 넘어가야 할 중요한 점이 있다. 교회가 세상 속으로 침투하는 일은 증거를 위한 서곡으로서 불가결한 것이 사실이지만, 그렇게 세상과 동일화하다가 교회가 교회이기를 멈춘다면 아무 소용도 없다는 것이다. 한마디로 말해서 동일화와 동화되는 것을 혼동해서는 안 된다는 것이다. 소금이 짠 맛을 잃으면 소용이 없다. 예수님도 "쓸데없어 내어 버리느니라"고 말씀하셨다.[35]

---

[33] Michael Ramsey, Archbishop of Canterbury, *Images Old and New* (S.P.C.K., 1963), p. 14.
[34] *For All the World*, p. 34.
[35] 눅 14:34-35.

그럴 바에야 차라리 식료품 저장소에 있는 것이 낫다. 제자가 스승보다 클 수 없다. 그러므로 그리스도와 마찬가지로, 그리스도인들은 "죄인의 친구"여야 하지만, "죄인에게서 떠나" 있어야 한다.[36] 우리는 "거룩한 세속성"(이 말은 대참사위원 비틀러의 유명한 표현이다)을 드러내야 한다. 우리는 '세상 속에'(세속성) 있으나, 동시에 '세상에 속하지는 말아야'(거룩함) 하기 때문이다.[37] 우리는 자연적인 환경 속에서 초자연적인 삶을 살도록, 이 세대 속에서 앞으로 다가올 세대의 삶을 보여 주도록 부르심을 받은 자들이다.

복음의 진보를 막는 가장 큰 요인은 확실히 그리스도인들의 일관성 없는 삶이다. 우리는 너무나 자주 크레타의 잘못된 교사들을 닮고 있다. 바울은 디도서에서 이들에 대해 이렇게 썼다. "그들이 하나님을 시인하나 행위로는 부인하니."[38] 우리는 그리스도에 대해 거창한 주장을 하며 그분이 자신의 백성을 죄에서 구원하신다고 자랑스럽게 말하지만, 우리를 지켜보는 사람들은 그런 주장을 뒷받침할 만한 증거가 우리에게 있는지 보여 달라는, 아주 타당한 요구를 한다.

사실상 다른 사람들이 바라보는 우리의 모습을 우리 스스로는 제대로 보지 못한다. 우리는 우리가 사랑하고 섬기기 원하는 주님

---

36 눅 7:34; 히 7:26.
37 요 17:11-16.
38 딛 1:16.

을 제시하는 우리의 모습이 얼마나 부족한 상태인지를 깨닫지 못하고 있다. 우리가 생각하는 것보다 훨씬 더 많은 경우에, 사람들이 거부하는 것은 참되신 그리스도 자체가 아니라 그리스도인들 속에서 보이는 그리스도다. 즉 그리스도를 거부하는 것이 아니라, 그리스도와 전혀 닮지 않은 교회를 거부하는 것이다. 교권주의, 꽉 막힌 보수성, 케케묵은 의례, 정교(政敎) 유착(영국의 교회, 왕실, 부호의 권력 복합체—옮긴이), 사소한 것과 피상적인 것에의 몰두 등, 이런 것들이야말로 사람들이 저항하는 현대 종교의 면면이다. "우리 그리스도인들이 그리스도로 옷입고 '종교'라는 껍질을 벗어 버릴 수만 있다면, 우리는 이방인들에게 복음을 전하기에 훨씬 유리한 위치에 있게 될 것이다."[39]

"영국의 회심을 향하여"는 이러한 점, 즉 누가 보아도 '구원받은' 사람다운 삶을 통해 구세주를 알려야 한다는 점을 매우 강조한다. "궁극적으로 세상 사람들의 눈에 복음이 신뢰할 만한 것으로 제시되려면, 세상이 다른 그 어느 곳에서도 찾아볼 수 없는 질 높은 삶을 교회에서 증거로 볼 수 있어야 한다."[40] 더럼(Durham)의 부감독 앨링턴(C. A. Alington)은 1946년 1월 28일 「타임스」에 실은 편지에서 이 주제를 화제로 삼았다. "그리스도인의 최상의 증언은 그리스도인의 삶으로서 증언하는 것이다.… 복음이 정말로 믿을 만한 것

---

39 Douglas Webster, *What is Evangelism?*, p. 55.
40 pp. 33, 121.

이라면, 그것은 마땅히 '선행'이라는 열매를 맺어야 한다. 이것이야 말로(논쟁보다 더 확실히) '어리석은 자들의 무지를 잠잠하게' 한다."

교회가 진정한 의미의 교회가 되어서 구속받은 공동체로서의 진정한 모습을 보여 주는 것은, 그 어떤 복음 전도 방법을 도입하는 것보다도 훨씬 더 중요하다. 런던 웨스트민스터 교회 목사인 마틴 로이드 존스 박사의 다음과 같은 표현도 바로 이런 의미다. "교회는 교회 밖에 있는 사람들에게 호감을 줄 수 있어야 하며, 그러려면 교회가 할 수 있는 한 그들과 비슷해져야 한다는 말을 들어 왔다.…그러나…교회의 진정한 영광은, 오히려 교회가 세상과 완전히 다를 때 예외 없이 세상의 관심을 끈다는 사실에 있다." 그리고 "모든 부흥 운동이 명확하게 증언하는 바는 이것이다. 즉 교회가 교회로서의 기능을 제대로 발휘할 때 그리고 그리스도인 개개인의 모습이 산상수훈에서 말하는 것에 가까울수록, 교회 밖의 사람들은 늘 교회에 마음이 끌렸다는 사실이다."[41]

이 말은 경험상 맞는 말이다. 올 소울스 교회 회중에게 돌린 설문지에서 나는 다음 두 가지를 질문하였다. "당신이 처음으로 그리스도와 복음에 마음이 끌리게 된 계기는 무엇입니까?" "당신이 그리스도께로 나아오는 데 결정적인 계기가 된 것은 무엇입니까?"였다. 이 질문에 대답한 사람들의 절반 이상은, 그리스도인들(그들의

---

41 *Studies in the Sermon on the Mount* (I.V.F., 1959), vol. I, pp. 37, 54.

부모, 목사, 선생, 직장 동료, 친구들)의 삶 속에서 발견한 그 무엇이 계기가 되었다고 대답했다. 어떤 사람은 그리스도인들에게는 "제게는 없지만 제가 간절히 갈망하는 그 무엇이 그들의 삶 속에" 있었다고 썼다. 몇몇 경우는 "그리스도인들의 외적인 기쁨과 내면의 평화"였다고 답했다. 어떤 수습 간호사의 경우는 그리스도인들에게서 경험한 "순수하고 솔직한 우정"이라 답했으며, 법학을 공부하는 한 옥스퍼드 대학생의 경우는 그리스도인들의 "순수한 충일함"이라고 답했다. 한 경찰관은 "기독교적 삶이 가져다주는 뚜렷한 목표와 목적 그리고 이상주의"였다고 답했다. BBC의 한 사무직원은 "그리스도인들의 삶 속에서 발견한 다정함과 내면적인 자원들"이라고 했다. 그리고 한 가정의의 경우는 "다른 사람의 삶 속에 역사하시는 그리스도에 대한 지식"이었다.

그러나 이방인들이 그리스도인들의 질 높은 삶에 '마음이 끌린다'고 해서, 그리스도인들이 항상 비그리스도인들의 존경을 받는다는 의미는 아니다. 오히려 반대로, 그리스도인들은 존경받기보다는 거부당하는 처지에 놓이는 경우가 종종 있다. 그리스도께서도 그럴 것이라고 이미 경고하셨다. '세상 속으로' 보내심을 받아 '세상 속에서' 사신 그분 자신도 '세상에 속한 자'가 아닌 고로 '세상의 미움'을 받으셨다. 여기 따옴표 속의 네 개의 표현은 요한복음 15:18-25과 17:11-18에서 따 온 것으로서, 그리스도와 세상의 관계를 압축적으로 말해 준다. 예수님은 여기다가 가능한 한 가장 쉬운 말로 이렇게 덧붙이셨다. "사람들이 나를 박해하였은즉 너희도 박해할 것이요." "너희가 세상에 속하였으면 세상이 자기의 것을 사랑할 터이나 너희는 세상에 속한 자가 아니요 도리어 내가 너희를 세상에서 택하였기 때문에 세상이 너희를 미워하느니라."[42]

이 주제에 대해 강해한 더글러스 웹스터의 표현은 간명하고도 감동적이다. 그의 말에서 조금만 인용해 보겠다. "선교(mission)는 머지않아 수난(passion)으로 이어진다. 성경적 범주에 의하면…종은 고난받아야 한다.…수난은 선교의 결과가 아니라, 어떤 면에서는 선교의 절정이다. 선교를 효과적으로 만드는 것이 바로 수난이다.…모든 형태의 선교는 어떤 형태든 십자가로 나아간다. 선교의 모양은 바로 십자가 모양인 것이다. 우리는 십자가라는 맥락에서만 선교를 이해할 수 있다…."[43]

지역 교회

지금까지 우리는 복음 전도의 대행자로서 특별히 지명된 '복음 전도자' 혹은 개개의 '증인'에 대해서 생각해 보았다. 이제 우리는 지역 교회의 역할에 대해 숙고할 때가 되었다. 요한은 아시아의 일곱

---

42 요 15:20, 19.
43 *Yes to Mission*, pp. 101-102; 참조. *Local Church and World Mission*, pp. 47-49.

교회를 "일곱 촛대"로 보았다.[44] 촛대의 목적은 빛을 최대한 밝게 비추는 것이다. 그리고 빛을 비추어야 할 사람들은 그리스도인 개개인만이 아니다.[45] 각 지역 교회 역시 등대가 되어 복음의 밝은 빛을 어두운 주변 세상에 비추어야 한다. 그리스도께서는 각 교회들을 택하셔서, 그 교회가 위치한 교구나 지역 내에서 그분의 이름을 증언하고 그분의 메시지를 전파하도록 도구로 삼으셨다. 어떤 교회도 이 책임을 회피할 수 없다. 어떤 교구들은 완전히 내부 지향적이다. 요스트 드 블랭크 감독이 해로우(Harrow)의 그린힐에서 교구 목사로 있을 때 깨달았던 것처럼, 이런 교회들은 "뒤집어져야" 한다.[46]

어떻게 이런 일이 일어날 수 있겠는가 하는 문제가 교계의 많은 관심을 끌고 있는데, 특히 1961년 뉴델리에서 열린 제3차 세계교회 협의회에서 "회중의 선교적 구조"에 관한 연구를 인정한 후부터는 더욱 그러하다.[47] 좀 더 탄력 있는 구조를 모색하는 것은 교회의 선교 사역에 매우 중요한 일이다. 그러나 나는 좀 더 전통적 형태의 경험을 토대로 이야기할 수밖에 없겠다.

물론 교회는 도시, 도시 외곽, 시골 등 지역에 따라 상당한 차이점이 있다. 그러나 지역 교회의 복음 전도 원칙은 동일하다. 각 교

---

44 계 1:20.
45 마 5:14-16; 빌 2:15.
46 *The Parish in Action*, p. 88.
47 이 연구의 첫 단계가 완결되어 그 결실을 맺은 것이 바로 Thomas Wieser가 편집한 *Planning for Mission*에 들어 있다.

회는 결국 세 가지 주요 영역—교제와 예배와 실제 전도 활동—을 통해 집단적으로 증언 활동을 하게 된다.

먼저, 교회 내의 교제에 관해 생각해 보자. 앞에서 말한 그리스도인들의 초자연적인 삶은 교회의 삶에서도 마찬가지다. 각 지역 교회는 구속받은 죄인들의 모임이요 하나님의 소유된 백성으로서 초자연적인 공동체다. 교회는 하나님의 사랑이라는 특징이 배어 있을 때에만, 하나님의 사회라는 본연의 참된 모습을 드러낸다.

앞에서 이미 언급한 바 있는 설문지의 대답들을 보면, 사람들이 그리스도께 끌리게 된 계기에는 그리스도인 개개인의 모범뿐 아니라, 교회가 보여 주는 공동체적인 삶도 있음을 알 수 있다. 한 교인은 어떤 가정 모임에서 "많은 그리스도인들이 함께하는 모습"에 영향을 받았다고 적었다. 어떤 사람은 "다니던 교회에서 이전에 전혀 알지 못했던 '생명'이 그곳에 있다는 것을 점차 인식하게" 되었노라고 설명했다. 또 어떤 사람은 "내가 속해 있던 교회의 교제 모임에서 신자들이 보여 주는 기독교적인 사랑과 우정에 엄청나게 마음이 끌렸다"고 했다.

그리고 회중 구성원이 특히 '계층'과 '인종' 면에서 다양할수록, 그리스도의 능력을 보여 줄 수 있는 기회도 커진다. 진정으로 인종을 초월하고 사회적 지위를 초월하는 그리스도인들의 교제(구성원들이 서로를 돌아보고 서로의 짐을 지는 모습이 역력한)는 그 자체만으로도 예수 그리스도의 화목하게 하시는 능력을 증언하는 더할 나위 없이 좋은 증거가 된다. 에베소서에서 말하고자 하는 주제 가운데 하나도 바로 이것이다. 그리스도의 부활을 통해 드러난 "(하나님의) 능력의 지극히 크심"[48]만이 "원수 된 것"을 폐하시고 유대인과 이방인을 "한 몸으로" 연합시킬 수 있다.[49] 이것은 기적이었다. 마찬가지로 오늘날 인종과 계층의 장벽을 극복하는 것도 기적적인 일이다.

예수님이 "너희가 서로 사랑하면 이로써 모든 사람이 너희가 내 제자인줄 알리라"고 말씀하신 것과, "아버지께서 내 안에, 내가 아버지 안에 있는 것같이 그들도 다 하나가 되어 우리 안에 있게 하사 세상으로 아버지께서 나를 보내신 것을 믿게 하옵소서"라고 기도하신 것도 이런 의미임은 의심할 여지가 없다.[50] 사람들이 그리스도의 제자들을 알아보는 것은 그들의 거룩한 사랑 때문이며, 사람들이 그리스도를 믿게 되는 것은 그들의 거룩한 삶 때문이다. 아베 미코노는 최초의 기독교 공동체에 대해 말하면서 이렇게 썼다. "이들은 그들이 살고 있는 '문화'를 통해 사람들에게 알려진 것이 아니라, 한 하나님을 향한 사랑 속에서 서로를 사랑한 그 사랑으로 인해 사람들에게 알려졌다."[51]

이와 동일한 진리가 요한복음(1:18)과 요한1서(4:12)에는 훨씬 더 강력하게 표현되어 있다. 이 두 구절은 모두 "본래(어느 때나) 하나

---

48 엡 1:19.
49 엡 2:14-16.
50 요 13:35; 17:21.
51 *Revolution in a City Parish*, p. 18.

님을 본 사람이 없으되"라는 말로 시작된다. 이것이 바로 하나님을 믿지 않는 세상의 문제다. 이 세상의 철학은 '백문이 불여일견'이기 때문이다. 그러니 그들이 어떻게 보이지 않는 하나님을 믿겠는가? 이에 대한 하나님의 첫 번째 답변은 그 아들을 통해 자신을 보여 주신 것이다. "본래 하나님을 본 사람이 없으되 아버지 품속에 있는 독생하신 하나님이 나타내셨느니라."[52] 성육신의 결과로 예수님은 "나를 본 자는 아버지를 보았거늘"이라고 말씀하실 수 있었다.[53] 그러나 불신자들은 아직도 불만족스럽다. 비록 예수님이 "보이지 아니하는 하나님의 형상"[54]으로 나타나시긴 했으나, 이제 그분은 다시 사라지셨으므로 또다시 하나님이 보이지 않게 되었다. 그렇다면 하나님은 오늘날 어떻게 사람들에게 보이실 수 있는가? 요한의 대답은 우리의 뒤통수를 친다. "어느 때나 하나님을 본 사람이 없으되 만일 우리가 서로 사랑하면 하나님이 우리 안에 거하시고 그의 사랑이 우리 안에 온전히 이루어지느니라."[55] 다시 말해서 자신의 아들 속에서 자신을 계시하신 보이지 않는 하나님은, 이제 자신의 백성 속에서, 하나님의 사랑으로 서로 사랑하는 그들의 사랑 속에서 자신을 계시하신다. 예수님의 말씀대로라면 "내가…아버지를…영화롭게 하였사오니…내가 그들로 말미암아 영광을

---

[52] 요 1:18.
[53] 요 14:9.
[54] 골 1:15.
[55] 요일 4:12.

받았나이다."⁵⁶ 즉, 한때 아버지 하나님을 자신 속에서 증언하셨던 그리스도는 이제 교회 속에서 자신을 증언하신다.

물론 이것은 이론이다. 그렇다면 이 이론은 실제로 어떻게 역사하는가? 무엇보다 먼저 기독교 가정을 통해서 역사한다. 각 기독교 가정은 지역 교회의 축소판이다. 1958년에 램버스의 감독은 기독교 가정을 "죄인과 비참한 상태에 있는 사람이 자신의 고통을 드러내며, 회복과 치유를 통해 교제를 누리는 첫발을 내디딜 수 있는 곳"이라고 묘사했다.⁵⁷

그리고 기독교 가정이 일단의 교인들이 정기적으로 모이는 장소, 즉 '가정 모임'이나 '교제 모임' 혹은 '가정 교회'가 되면, 그 영향력은 더욱 확장된다. 규모가 큰 회중 집단이 이렇게 작은 모임들로 나누어져 각 가정에서 매주, 격주 혹은 매월 정기적으로 모이게 되면 신자들도 굳건히 세워질 뿐더러 지역의 불신자들도 모임에 초대되어, 하나님의 사랑의 실재와 깊이와 통합적인 능력을(아마도 처음으로) 자기 눈으로 직접 볼 수 있다.

그러나 하나님께 속해서 하나님을 드러내는 사랑이 '교제'에만 제한되는 것은 아니다. 그 사랑은 섬김에서도 드러날 수 있다. 형제애(*philadelphia*)는 사랑(*agape*)의 구체적인 한 형태이지 유일한 형태는 아니다. 너무나 많은 교회의 섬김이 자기만족적이고, 끼리끼

---

56 요 17:4, 10.
57 p. 2.113.

리 주고받는 형태가 되어 버렸지만, 사실 교회는 교회 자체가 아니라 지역 사회를 섬기도록 부르심을 받았다. 예수님의 제자들이 예수님의 모범을 따라, 하인이 두르는 앞치마를 두르고 예수님의 이름으로 겸손한 섬김을 수행하는 것은, 그분의 이름을 아름답고 명예롭게 드높이는 것이다. 그렇게 섬기는 사랑은 자발적이고 순수하며 꾸밈이 없어야 하며,[58] 사람들에게 감동을 주거나 그들에게 복음을 전할 기회를 얻기 위해 일부러 꾸며 낸 것이어서는 안 된다.

둘째로, 지역 교회는 예배를 통해 그리스도를 증언한다. 회중이 천상으로 들려 올라가서 주님의 이름을 찬양할 때, 예배 자체가 목적이다. 그러나 그리스도인 회중이 예배드릴 때, 그것은 불신자들을 전도하는 데 간접적으로 매우 강력한 영향을 미친다. 그 이유는 쉽게 알 수 있다. 지역 교회는 "하나님의 성전"으로서, 하나님의 영이 거하시는 곳이다.[59] 하나님이 반드시 거하신다고 맹세하신 유일한 장소는 바로 그분의 백성들이다. "우리는 살아 계신 하나님의 성전이라. 이와 같이 하나님께서 이르시되 내가 그들 가운데 거하며 두루 행하여 나는 그들의 하나님이 되고 그들은 나의 백성이 되리라."[60] 따라서 그들이 있는 곳에는 하나님도 계신다. 교회 건물이 텅텅 비어 있을 때, 그곳은 하나님의 집이 아니다. 하나님은 (무

---

[58] 참조. 롬 12:9.
[59] 고전 3:16.
[60] 고후 6:16.

소부재하시다는 의미를 제외하고는) 거기 계시지 않기 때문이다. 그러나 사람들이 예배드리기 위해 모일 때, 하나님은 거기 계신다. 하나님은 교회(church: 건물로서의 교회―옮긴이)가 아니라, 교회(Church: 사람들의 모임으로서의 교회―옮긴이) 속에 살아 계신다.

그리고 그리스도인들이 모여 주님을 중심에 모시고 그분을 예배하며, 겸손하고 신실하게 그분을 높이고 절할 때, 거기 참석한 비그리스도인들은 마음에 깊은 감동을 받지 않을 수 없게 된다. 한 청년은 "어떤 사람이 마음을 사로잡는 확신을 가지고 즉흥적으로 하던 기도를 듣고" 처음 그리스도께 끌리게 되었다고 말했다. 또 25세의 한 광고인은 "하나님이 사람들 가운데 정말 살아 계시다고 느껴지는 예배에 참석했을 때" 처음 그리스도께 끌렸다고 말했다.

반드시 회중이 많아야만 하나님의 임재를 경험할 수 있는 것은 절대 아니다. 그와 반대로 주님은 오히려 "두세 사람이" 그리스도의 이름으로 모이는 곳에 함께 계시겠다고 특별히 약속하셨다.[61] 아마도 오늘날 그리스도인 회중은 이와 같은 커다란 진리를 더 자주 기억해야 할 것이다. 그럼으로써 우리는 함께 모일 때, 이미 약속된 그분의 임재를 기대하면서 그 임재가 드러나기를 기도하게 될 것이다. 오늘날 교회에서는 야곱이 했던 다음과 같은 말이 거의 들리지 않는다. "여호와께서 과연 여기 계시거늘…두렵도다. 이곳

---

[61] 마 18:20.

이여, 이것은 다름 아닌 하나님의 집이요 이는 하늘의 문이로다."[62]

같은 맥락에서 설교에 관해서도 언급해야겠다. 선포되는 말씀이 하나님의 말씀일 때, 그 설교를 믿는 마음으로 듣는 자들에게는 그것이 은혜의 통로가 된다. 살아 계신 하나님은 설교를 통해서 회중과 대면하시고 그들에게 말씀하신다. 그리고 설교자는 지금 하는 일이 "우리가 그리스도를 대신하여 사신이 되어" 혹은 "하나님이 우리를 통하여 너희를 권면하시는 것같이" 하는 것임을 말할 수 있어야 한다.[63] 이 두 가지 표현은 모두 진실이다. 그리고 교회에 들어온 불신자가 확신을 가지게 되는 때는 바로 이런 식으로 하나님의 말씀을 들을 때다. "그 마음의 숨은 일이 드러나게 되므로 엎드리어 하나님께 경배하며 하나님이 참으로 너희 가운데 계신다 전파하리라."[64]

회중의 복음 전도

세 번째로, 지역 교회는 주변 지역에서 직접 주도권을 쥐고 복음을 증언해야 한다.

우선 교회 회중은 가능한 한 지역 사회와 동일화되어야 하는데,

---

[62] 창 28:16-17.
[63] 고후 5:20.
[64] 고전 14:25.

대부분의 교회는 이 영역에서 전반적으로 실패하는 것 같다. 뉴욕의 동부 할렘 개신교 교구에서는 아주 용감하게 이런 시도를 하였는데, 거의 대부분의 교회는 그런 일을 시도조차 하지 않는다. 이 교회에서 시도한 사역의 고통과 즐거움과 위험에 관해서는 브루스 켄릭(Bruce Kenrick)이 쓴 『광야로 나가라』(Come Out the Wilderness)에 매우 감동적으로 표현되어 있다.[65] 그들은 '동일화'라는 표현은 하나님 차원의 행동을 지칭할 때만 쓰는 말로 유보하고, 자신들이 설정한 이상을 말할 때는 '참여'라는 말을 선호한다. 동부 할렘 가에 사는 주민의 말로 표현하면, 그들의 근본적 철학은 이렇다. "하나님이 세상에 관심이 없으셨다면 사람들도 당연히 하나님께 관심이 없었을 것이다. 하나님은 현실에 부적절하신 분이니까 말이다."[66]

그다음으로 인식해야 할 점은, 교구 차원의 복음 전도는 간헐적인 전도 집회와는 사뭇 다른 것으로서, 하나님은 이것이 지역 교회의 꾸준한 활동이 되도록 의도하셨다는 것이다. 교회가 겨우 5년에 한 번씩 함께 모여 예배를 드린다는 것은 생각할 수 없는 일이다. 그런데 어떻게 복음 증거를 5년마다 한 번씩 하는 행사 정도로 여길 수 있단 말인가? 예배와 증거는 쌍둥이이며, 둘 다 중단할 수 없는 교회의 중요한 역할이다. 톰 앨런(Tom Allan)은 이 사실을 다음과 같이 멋지게 말했다. "참되고 효과 있는 선교는 간헐적으로

---

65   Collins, 1962; Fontana, 1965.
66   앞의 책, p. 29.

나 산발적으로 하는 행사가 아니라, 교회 내에서 계속 일관성 있게 지속되는 삶의 양식이다. 나는 이번 장 제목을 '교구 전도를 위한 계획'이라기보다는 '전도하는 교구 만들기'라고 불러야 할 것 같다. 왜냐하면 나는 우리의 복음 전도가 효율적이지 못한 부분적인 원인은, 복음 전도를 특정 시기에 치르는 '특별한' 행사로 여기는 오류에 있다고 깊이 확신하기 때문이다. 복음 전도는, 그리스도인으로서의 우리의 경험이 꾸준하고 자발적이며 필연적으로 표출된 것으로 여겨야 하는 데 말이다. 복음 전도의 미래는 전도하는 교구가 얼마나 나타나느냐에 달려 있다."[67]

톰 앨런의 이 말은 그보다 수년 전 아베 미코노가 파리의 교외 지역에서 감지하고 『파리에서의 혁명』(Revolution in a City Paris)에 쓴 내용과 비슷하다. 대참사위원 사우스코트(E. W. Southcott)의 말에 따르면 아베 미코노는 "이 책의 영역본에 붙여진 제목을 인정하지 않았다. 그는 '혁명적 공동체로서의 교구'(The Parish—A Revolutionary Community)라는 제목을 더 좋아했을 것이다."[68] 그는 톰 앨런이 말한 의미와 정말 비슷한 표현을 썼다. "선교하는 국가에서 교구는 선교적인 교구가 되어야 한다."[69]

지역 교회가 지속적으로 전도하려면, 반드시 모든 회중의 차원

---

67 *The Face of My Parish*, p. 86.
68 *The Parish Comes Alive*, p. 17.
69 p. 8.

에서 그렇게 해야 한다. 모든 사람이 복음 전도에 참여해야 하며, 누구에게도 발을 빼는 것이 허용되어서는 안 된다. 이 말은 평신도를 동원해야 한다는 의미다. 모든 평신도, 혹은 최소한 동참할 준비가 되어 있는 사람들은 누구나 말이다. 그리고 내 경험으로 보면 평신도들은 사실 **준비가 되어 있으며** 심지어는 몹시 동참하고 싶어 한다. 이는 과로에 지친 목사가 평신도들에게 도움을 간청하는 것이 아니다. 오히려 목사와 평신도가 함께, 자신의 백성을 향한 하나님의 뜻을 그분의 말씀 속에서 발견하고 행하는 것이다.

교회가 회중 차원에서 지속적인 복음 전도를 시행하면 적어도 다음 세 가지 특징을 지니게 될 것이다. 훈련 프로그램, 가가호호 방문, 정규적인 '전도 집회'가 그것이다.

첫째로 훈련이다. "영국의 회심을 향하여"의 부록 중 "의견과 제안 사항"에 나오는 두 번째 제안은 목사가 "평신도를 복음 전도의 일꾼으로 훈련시켜야 할 책임을 다해야만 한다"는 것이다.[70] 윌리엄 템플의 선언은 이보다 더 강력하다. "목사의 가장 중요한 의무는 평신도 회중이 증인으로서의 삶을 감당할 수 있도록 훈련시키는 것이다."[71]

이 부분을 강조하는 것은 매우 성경적이다. '평신도'와 '사역'에 대한 전반적이고 전통적인 개념은 많이 일그러져서, 우리는 마치

---

70 p. 150.
71 p. 36.

'평신도'는 더 낮고 덜 중요한 족속이며 '사역'이란 목사들에게만 속한 것이라고 생각한다. 그러나 성경을 보면 이런 구분이 없다. 성경의 가르침에 따르면, 사역은 평신도에게 속한 것이며, 평신도란 하나님의 모든 백성(*laos*)을 가리킨다. 사실 목회로의 부르심을 받은 사람들의 역할은, 정확히 말하면, 이 평신도들이 그들의 사역을 잘 수행할 수 있도록 도와주는 것이다. 이 진리는 에베소서 4:12에서 명백히 볼 수 있다. 이 구절을 제대로 이해하기만 한다면 말이다. 개역성경에 따르면 그리스도께서 성령의 은사를 주실 때는 (예를 들어 '목사'와 '교사'를 지명하실 때) 세 가지 목적이 있다. "성도를 온전하게 하며", "봉사의 일을 하게 하며", "그리스도의 몸을 세우려 하심이라." 그러나 아미티지 로빈슨(Armitage Robinson)은 자신이 쓴 에베소서 주석에서 다음과 같이 주장한다. "두 번째 구절은 첫 번째 구절에 종속되는 것으로 보아야지…그것과 동격으로 보아서는 안 된다."[72] 이렇게 되면 목회의 목적은 즉각적인 것과 궁극적인 것, 이렇게 두 가지가 된다. 새번역에서 이 구절을 인용한다면, 즉각적인 목적은 "성도들을 준비시켜서, 봉사의 일을 하게" 하는 것이고, 궁극적인 목적은 "그리스도의 몸을 세우게 하려고 하는" 것이다. 사실 "몸의 생명과 성장이 안전히 보존되려면, 기술적으로 '목사님'이라고 불리는 사람들뿐 아니라 교회의 각 지체들도 봉사

---

[72] J. Armitage Robinson, *St. Paul's Epistle to the Ephesians* (Macmillan, 1903), p. 99. 또한 그가 이 구절에 대한 주석을 달아 놓은 p. 182도 참조하라.

하도록(섬기도록—옮긴이) 가르침을 받아야 한다."[73] (원서에서 사용한 AV, RSV 대신 개역개정을, NEB 대신 새번역을 사용하였다—옮긴이)

따라서 "봉사의 일"(the work of ministry)은 목사들만의 특권이 아니다. 그것은 누구에게도 양도할 수 없는 평신도의 일이며, 평신도가 그 일을 잘할 수 있도록 준비시키는 것이 목사의 과업이다. 자연스럽게 목사도 봉사의 일을 하도록 부르심을 받았지만, "그들의 봉사는 상당 부분 나머지 사람들의 봉사를 촉진하는 데 쓰인다."[74]

그러면 어떻게 해야 하는가? 독자적으로든 같은 지역의 교회끼리 협력을 하든, 각 교회는 연간 훈련 프로그램이나 평신도 지도자반을 계속 열어서, 그것이 학습반이나 세례반처럼 교회의 정규적인 프로그램이 되게 해야 한다.

여기서부터는 내 개인적인 경험을 이야기할 것이다. 1950년부터 우리는 연간 훈련 학교를 열고 있다. 이 학교에서는 복음의 신학과 복음 전도의 실제에 관한 강의가 한 주에 한 번씩 도합 열두 번 열린다. 다음은 그 진도표다.

복음의 신학

1. 하나님

73　앞의 책, p. 99.
74　앞의 책, p. 99.

2. 인간

3. 예수 그리스도

4. 십자가

5. 성령

6. 교회

복음 전도의 실제

7. 주님이 쓰시기에 적당한 사람이 되는 법

8. 낙심될 때 견디는 법

9. 친구를 그리스도께로 인도하는 법

10. 일반적으로 제기되는 반대 의견을 다루는 법

11. 그리스도에 관해 말하는 법

12. 가정 심방을 하는 법

우리는 매년 10월, 여름휴가가 끝난 직후에 학기를 시작해서 (크리스마스 때 한 주 쉬고) 2월에 끝낸다. 우리는 공식적인 광고와 개인적인 제안을 통해 사람들이 이 프로그램에 관심을 기울이도록 종용한다. 우리는 이 강좌에 등록해야 할 사람들의 명단을 1년 내내 작성한다. 여기에는 회심을 하고 그 후 잘 성장하고 있는 사람들 그리고 지난해에 견진성사반을 마친 사람들이 포함된다.

매번 각 사람에게 강의안을 나누어 주며, 교회에서는 강의안과

노트 필기를 끼울 수 있는 바인더를 판매한다. 훈련 학교가 끝날 즈음에는 필기시험이 있다. 시험을 치르게 해서 죄송하다는 말은 하지 않는다. 시험이 있기 때문에 사람들은 훈련 과정을 진지하게 여기고, 강의의 수준을 높게 유지할 수 있다. 또한 누가 보아도 회심하지 않았거나 이상한 사람에게 교회의 책임 있는 일을 맡기는 잘못을 범치 않는 보호 장치가 된다.

시험은 각자 자기 집에서 치른다. 시험 감독은 하지 않는다. 우리는 그들에게 원하는 만큼 성경은 마음대로 볼 수 있으나, 강의안이나 노트 필기는 보지 말고 그 외의 어떤 도움도 구하지 말라고 미리 말해 준다.

시험에 통과한 사람들은 우리 감독의 '위임을 받는다'(commissioned). 이 감독은 친절하게도 매년 간단한 위임식을 위해 교회에 온다. 그리고 이들은 위임장을 받는다. 그리고 '위임된 사역자'는 (상담을 거쳐) 교회의 영적인 사역에 배정된다. 이것이 그 사람의 '위임받은 봉사의 일'이 된다. 위임받지 못한 사람은 그 일을 할 수 없다. 그리고 만일 중도에 포기하면, 그의 위임도 포기해야 한다.

이 프로그램에도 위험은 있다. 지나치게 조직화됨으로써 자유롭게 주도권을 잡고 일하는 것을 방해할 수 있다. 또 경쟁과 질투를 부추길 위험도 있다. 이 프로그램을 운용하는 데는 확실히 세심한 주의와 유연성이 필요하다. 그러나 이 프로그램은 교회의 특권적인 사역을 하는 데 제한을 둘 수 있다는 상당한 이점이 있다. 현대의 교회 생활에 나타나는 부끄러운 특징 중 하나는, 많은 교회가 아무런 훈련도(심지어는 아주 기초적인 것조차) 받지 않은 사람들에게 교회학교 교사나 모임의 리더, 심방이나 기타 다른 사역을 하도록 허용하고, 심지어는 격려하기까지 한다는 사실이다. 훈련하고 점검하고 위임하는 절차는 인증을 받은 교회의 사역자 모두가 최소한의 훈련은 받을 수 있도록 보장해 준다.

위임된 봉사의 일에는 가가호호 방문, 노인 방문, 환자 방문, 교회학교나 성경학교에서 가르치기, 청소년 그룹 지도, 상담 그리고 교제 모임이나 훈련반을 지도하는 일 등이 있다. 우리는 어떤 일은 '위임된 봉사의 일'에 포함시키고 어떤 일은 제외시킬 것인지 그 원칙을 결정하는 일이 꼭 필요하다는 것을 일찌감치 발견하였다. 예를 들면, 성가대원은 반드시 위임된 사역자여야 한다는 의견과, 연로한 분들을 방문하는 사람들에 대해서는 훈련과 위임 과정이 불필요하다는 의견이 동시에 나왔다. 그러나 우리는 심사숙고한 끝에 이 두 가지 요구 사항에 동의할 수 없다는 결론을 내렸다. 우리의 대략의 즉각적인 원칙은, 모든 위임받은 사역자는 섬김의 일을 하는 과정에서, 입을 열어 예수 그리스도를 증언해야 한다는 것이다. 따라서 여기에는 노인을 방문하는 사람들도 포함된다. 이들은 '집안에 갇혀 지내는' 사람들의 일시적인 사회적 복지는 물론 영원한 복지를 추구하는 사람들이기 때문이다. 반면에 성가대원들 역시 입을 잘 열긴 하지만, 이 경우는 증거를 위해서라기보다는 예배를 위해서 그런 것이다!

평신도의 심방

회중 차원의 지속적인 복음 전도를 시행하는 지역 교회가 지니는 또 하나의 특징은 체계적인 평신도 심방 프로그램이다. 국립 교회가 운영되는 영국이나 스코틀랜드 같은 곳에서는 전 영토가 교구로 구획되어 있다. 이런 제도가 지니는 독특한 장점은, 거주자 모두가 해당 교구 목사의 책임 반경 안에 있다는 것이다. 그러나 특히 인원이 2만, 3만, 심지어 4만까지 이르는 도시의 대형 교구에서는 교구 목사 혼자서 '영혼의 치유'를 감당하는 것이 거의 불가능하다. 교구 목사가 사역자들을 고용하고 있다 해도 말이다. 또한 목사가 사역을 독점하거나 불가능한 일을 시도하는 것은 옳은 일도 아니다. 목사가 교회에 나오지 않는 사람들을 직접 방문하는 일을 할 수는 있겠으나, 회중이 목사의 위임을 받아 교구를 담당하도록 하는 것이 좋은 원칙이다. 목사는 무엇보다도 회중 양떼를 돌보는 목양자다. 그리고 밖에 흩어져 있는 그리스도의 양들을 찾는 일은 목사와 회중 양떼가 함께해야 할 일이다.

이런 방법은 옳고 편리하기도 하거니와 효과적이기도 하다. 아베 미코노는 이렇게 쓰고 있다. "가가호호 방문하면서 그리스도를 전하는 일에 (다른 동기 없이) 전적으로 헌신된 회중만 있다면, 그 결과로 기독교에 상당한 부흥이 일어날 것이라고 믿는다."[75] 나도 이 말이 이론적으로는 맞다고 생각한다. 그렇다고 런던에서 우리가 경험한 것들이 그 정도로 엄청난 결과를 가져왔다고는 말할 수 없지만 말이다. 그럼에도 불구하고 나는 평신도 심방을 통해 그리스도를 알게 된 사람들을 많이 알고 있다. 그중에 양로 연금으로 생활하는 한 노인이 떠오른다. 이 노인은 43년 동안 플리트 가의 인쇄 업소에서 기계 수리공으로 일했는데, 자신을 신실하게 심방했던 사람들을 통해서 그리스도께 마음 문을 열게 되었다. 이제 그는 예배에 꼬박꼬박 참석하고 있으며, 자신의 초라한 집에 회심의 기억을 되살려 주는 홀만 헌트(Holman Hunt)의 "세상의 빛"이라는 그림을 걸어 놓았다. 또 남아프리카 출신의 인도 청년도 생각난다. 그는 아내와 아기를 데리고 런던에 왔는데, 가가호호 방문하는 심방자들에게 '발견되어' 몇 달 후 그리스도 안에서 기뻐 뛰다가 세례를 받고 견진성사를 받았다.

이 조직에 굳이 특별하거나 독창적인 면은 없다. 단지 교구를 세 지역으로 나누어 각 지역마다 평신도 총책임자의 감독하에 운영되는 심방팀(모두 위임받은 사역자들이다)을 할당한 것뿐이다. 심방자들은 사도들이 하던 것처럼 둘씩 짝지어 나가서, 자기들에게 할당된 구역에 있는 집들을 일일이 방문한다. 이들은 거주자들과 접

---

75 *Revolution in a City Parish*, p. 103.

촉하고 집안에 들어갈 기회를 찾는다. 아울러서 어린이, 청년, 환자, 노약자 등에 관한 정보를 모으고, 사람들을 교회로 초청하기도 하지만, 무엇보다도 결정적인 것은 그리스도를 증언하는 일이다. 그리고 그 집에 책자를 주고 오기도 한다. 자신이 방문했던 사람들을 위해 기도하는 것은 물론이며, 적정한 시기에 이들과 영적인 접촉을 갖기 위해 다시 방문하기도 한다.

그런 가가호호 방문은 어렵고 힘들다. 하루 일과를 마치고 이 일을 하려면 상당히 지친다. 때때로 상대방은 차갑게 반응하고, 어떤 때는 반응하는 사람조차 없이 퇴짜만 맞기도 한다. 심방자는 더욱 믿음과 사랑과 인내로 견뎌야 한다. 그러므로 우리는 일상적인 심방을 보완해 주는 특별 프로그램이 필요하다는 것을 알게 되었다.

1년에 한두 번 우리는 '심방 캠페인'을 마련한다. 이것은 한 주에 하루씩 3, 4주에 걸쳐 진행되며, 모든 심방팀과 책임자들이 공동 참여한다. 처음에는 함께 저녁 식사를 하고, 간단한 설명과 기도를 마친 후 둘씩 짝지어 심방을 한다. 돌아와서는 있었던 일을 보고하고 함께 경험을 나눈다. 그리고 캠페인의 마지막은, 주일 예배 때나 주중의 비공식적인 '가정 모임'에서 열리는 전도 모임으로 끝맺는다. 이 모임에는 그동안 심방을 받았던 사람들이 모두 초대된다. 내가 이 책을 쓸 즈음에 새로 시작된 또 하나의 방법은 '교구 조사'다. 이것은 사회 조사를 하는 사람들이 쓰는 방법론을 도입해서,

심방자들이 특별한 설문지를 각 가정에 돌리는 것이다. 그 목적은 (주로) 정보를 얻는 것뿐 아니라, 특히 영적 대화의 문을 열고 교구 내에 있는 거의 모든 가정에 복음 전도용 소책자를 배포하는 것이다. 과거에는 수년 동안 심방자들을 집안으로 들이지 않던 여러 가정이 이제는 심방자들을 집안으로 들여서, 텔레비전을 끄고 개가 짖지 못하도록 한 후 설문지의 직접적인 질문에 솔직하고 사려 깊게 대답해 주곤 한다.

서로 다른 교파의 교회들이 함께 있는 지역에서는, 교회 연합 심방팀을 구성하는 것도 가능하다. 우리는 좀 더 가난한 교구들에서도 심방 캠페인을 실시하곤 한다. 그리고 몇 년 전에는 위임받은 사역자들로 구성된 몇 팀을 다른 교회 두 곳에 파견해서 '영적 수혈'을 하게 한 적도 있다. 이런 실험들은 최소한 부분적으로는 성공이었다. 물론 그 일에 참여한 사람들은 상당한 대가를 지불했다. 그리고 최소한 한 팀은 방문했던 그 교회로 옮겨서 해당 교구의 낭독자(예배 때 성경이나 기도서를 낭독하는 사람—편집자)가 되었다. 사실 이 모든 심방 사역이 주는 부수적인 효과는, 다른 형태의 위임받은 봉사의 일들이 그러한 것처럼, 사역과 선교를 향한 소명을 고취시킨다는 것이다. 이전에 위임받은 사역자였던 사람들 중 상당수는 지금 '전임'으로 섬기고 있다. 하나님은 사람들이 작은 일에서 먼저 인정받기 전에는 그들을 더 큰 사역으로 부르시지 않는다는 말은 사실인 것 같다. 그리고 소명에 대해 어렴풋이 인식하게 될 때 그 소명을 시험해 볼 수 있는 최선의 자연스러운 상황은, 이렇게 지역 교회에서 정규적으로 전도 활동을 해 보는 것이다.

손님 초청 예배

이렇게 회중 차원의 지속적인 복음 전도를 하는 교회에 나타나는 세 번째 특징은 '손님 초청 예배'다. 이 예배는 교인들이 전도하고 싶은 사람들을 초청하도록 마련된 것으로서, '손님 초청 예배'라는 표현은 영국에서 광범위하게 쓰이는 말이다. 물론 이것은 많은 교회의 전통이 되어 있는데, 특히 자유 교회 같은 경우는 저녁 예배를 항상 복음 전도를 위한 예배로 드리고 있다. 예를 들면, 기독교 형제단의 많은 모임도 매주 일요일 아침에는 함께 '떡을 떼고', 매주 일요일 저녁에는 항상 복음 집회를 연다. 이런 방식에도 좋은 점이 많이 있고, 그것이 보여 주는 복음 전도에 대한 열정은 가히 존경할 만한 것이다. 반면에 이런 방식의 약점도 있다. 그중 하나는, 신자들 중에도 여러 가지 이유 때문에 일요일 아침 예배를 드릴 수 없는 사람들이 있고, 따라서 이들의 경우에는 일요일 저녁에 말씀 사역이 필요하다는 것이다. 또 다른 약점은 '익숙해지다 보면 얕보게 된다'는 원리다. 목사가 일요일 저녁마다 복음 전도용 설교를 준비하고 행하다 보면, 분명히 그는 때때로 회심한 사람들을 향해 회심에 대해 설교하게 될 것이다.

이따금씩 개최하는 전도 집회가 주는 장점 한 가지는 그것이 일정한 간격을 두고 열리든 아니면 1년에 한두 번 정도 비정기적으로 개최되든 간에, 그 집회를 위해 특별한 준비를 할 수 있다는 것이다. 우선 집회를 위해 집중적으로 기도할 수 있다. 그리고 집회에 대해 미리 광고가 나가기 때문에, 회중은 언제 집회가 있는지를 알고 친척이나 친구, 동료나 이웃 등을 초청해서 데리고 오려고 애쓰게 된다.

세계의 많은 지역에서 이제는 교회에 나가는 사람이 줄고 있기 때문에, "더 이상 강단 설교가 복음 전도의 일차적인 매개체가 될 수는 없다"는 것은 너무도 분명한 사실이다. "그 자리에 없는 사람을 회심시킬 수는 없는 노릇 아닌가."[76] 이런 이유 때문에, 우리는 집을 방문하거나 직장에서 그리스도를 증언할 뿐 아니라, 회심하지 않은 사람들이 있는 장소인 야외에서 설교를 좀 더 많이 해야 할 것이다. 그럼에도 불구하고, 교회에 다니지 않는 사람들 중에 많은 사람들은 우정 때문에라도, 특별히 마련된 손님 초청 예배에 응할 것이다. 회중 중에 상당수는 불신자라는 것을 이미 알고 있는 상태에서 좋은 소식을 전한다는 것은 분명 가슴 벅찬 특권이 아닐 수 없다.

손님 초청 예배의 형식은 다양할 수 있겠으나, 최소한 형식은 단

---

[76] *Towards the Conversion of England*, p. 3.

순해야 하며, 가능한 한 회심하지 않은 사람들의 상황에 적실해야 한다. 설교에 관한 한, 설교자는 회중에 섞여 있는 그리스도인에 대해서는 무시해야 할 것이다. 회중 편에서의 사전 지식은 전혀 없다고 가정하고, 성경을 통해서 복음의 근본적인 몇 가지 영역을 '선포하고', '설명하고', '논증하고', '증명하기' 위해 노력해야 할 것이다.[77] 그의 설교가 성경적이라면 여기서 좀 더 나아가, 청중이 그리스도를 통해 하나님과 화목할 것을 '호소할' 수 있겠다.[78]

전해진 메시지에 대해서 청중이 공개적으로 반응할 수 있는 기회를 어떤 식으로 마련하는 것이 좋을지에 대해서는 의견이 분분하다. 우리는 모두 성령의 특권을 찬탈하고 그리스도를 위한 성령의 사역을 대신 하려 하는, 믿음 없고 육신적인 시도를 하지 않기 위해 모든 노력을 기울여야 한다. 개인적으로 말하자면 나는, 성령께서 준비시키지 않은 사람들에게 믿음의 한 발을 떼라고 압박을 주는 것(이것은 잘못된 것이기도 하거니와 아주 해로운 것이다)과, 반면에 사람들에게 성령께서 그들을 부르시는 대로 공중 앞에서 믿음의 결단을 표현할 기회를 주는 것 사이에서 분명한 선을 그어야 한다고 생각한다.

설교자는 다양한 방법으로 결단의 시간을 매듭지을 수 있다. 사람들로 하여금 설교자에게 개인적으로 편지를 쓰게 할 수도 있고,

---

[77] 참조. 행 17:2, 3, RSV.
[78] 고후 5:20; 6:1.

혹은 그의 집이나 목사관으로 찾아와 그를 만나도록 할 수도 있다. 혹은 예배당 뒤쪽에 종이를 마련해 두고, 도움이나 심방을 원할 경우 이름과 주소를 적어 내라고 할 수도 있다. 혹은 그들이 예배당에서 나갈 때, 설교자에게서 소책자를 받아 가게 할 수도 있다.

그러나 우리 교회의 경우는, 이제까지 15년 동안 매월 한 번씩 있는 손님 초청 예배 마지막에 소위 '후속 예배'라는 것을 마련해 왔다. 이것은 이름이 좀 거창하지만, 사실 약 15분 간 진행되는 간단하고도 자발적인 끝맺음이다. 그 목적은 "설교자가 헌신된 그리스도인이 된다는 것은 무슨 의미이며, 어떻게 그리스도를 영접하는지에 대해서 여러분께 말씀드릴 기회를 주기 위해서입니다"라고 광고 시간에 분명하게 밝힌다. 설교 마지막 부분에서는 예배 후에 남아 달라고 여러 번 초청을 한다. 우리의 경험으로 보면, 회중이 모두 떠나고 난 후에도, 사람들이 많이 남아 있다. 어떤 사람들은 스스로 결정해서 남기도 하고, 또 어떤 사람들은 그들을 데려온 그리스도인 친구가 권해서 남기도 한다.

그러면 이제 설교자는 일단의 관심 있는 추구자들에게 구원의 길과 그리스도께 한 발을 내딛는 법을 상세히 설명할 수 있는 황금 같은 기회를 얻게 되는 것이다. 설교자가 성경적인 복음에 충실하다면, 이 시간이야말로 죄와 죄책과 심판, 하나님의 사랑과 그리스도의 십자가, 회개와 믿음, 그리스도의 제자가 되는 데 따르는 대가 등에 관해 말할 수 있는 시간이다.

후속 예배는 여러 가지 형식으로 끝맺을 수 있다. 정형화된 한 가지 방법이란 있을 수 없다. 우리 교회도 항상 같은 형태를 취하는 것은 아니다. 그리고 완고하게 한 가지 형태만 고수한다는 것 자체가 성미에 맞지 않는다. 그러나 보통 우리 교회에서는 회중에게 무릎을 꿇고 기도하도록 초청한다. 이것은 때로는 완전한 침묵 속에서, 때로는 설교자의 기도를 고요히 따라하는 식으로 진행된다. 결단의 순간은 가장 성스러운 순간이며, 우리가 혹여 둔감해서 성령의 영역이나 추구자의 사생활을 침범하지 않기 위해 상당한 영적 민감함이 요구되는 시간이다.

마음속으로, 혹은 설교자의 기도를 진심으로 따라하면서 그리스도께 나온 사람들은, 앞으로 나오라는 초청을 받는다. 이때는 아무런 압박감을 주지 않으면서, 그렇게 앞으로 나오라고 초청하는 이유를 설명해 준다. 설교자는 그리스도를 믿기로 한 사람들을 만나서, 그들에게 소책자를 주고 그들을 상담자에게 소개해 주고 싶다고 말한다. 그리고 이것은 그들이 그리스도를 공개적으로 시인하고(세상으로—옮긴이) 퇴로를 끊는 기회가 될 것이라고 설명해 준다.

상담자들은 모두 위임받은 사역자들로서, 좀 더 훈련받은 사람들이다. 그들은 추구자들에게 믿음, 기도, 성경 읽기, 교회 출석에 대한 기초적인 영적 조언을 해줄 뿐 아니라, 그 사람의 이름, 직업, 주소 등의 기본 정보를 알아 둔다.

손님 초청 예배에서 그리스도에 대한 믿음을 고백한 사람들은 일주일쯤 후에 '가정 모임'에 초대를 받는다. 여기서는 그리스도인으로서의 삶과 성장에 대한 짧은 강의를 듣는다. 그리고 이들은 또한 소위 '새 신자반'(nursery class)이라는 것을 소개받는다. 조금 이상하고 약간은 겁을 주는 이 표현은 새 신자를 위한 특별반을 일컫는다. 그리스도 안에서 새로 태어난 아기들인 이 사람들이 있어야 할 곳은 사실 영적 신생아실인 것이다! 새 신자반의 리더들은 대부분 평신도(물론 위임받은 사역자들)이다. 이들은 그리스도의 양떼 중 어린양들을 양육하는 특권적인 사역을 위임받은 사람들이다. 새 신자들은 이 반에서 성경 읽는 법과 기도하는 법을 배우게 되며, 점차적으로 회중의 공동체로 들어오게 된다.

이 장에서 나는 상당히 실제적인 부분까지 과감히 상술해 보았다. 그것은 어떻게 지역 교회가 전도에서 하나님의 대행자가 될 수 있는지를 보여 주기 위해서였다. 이 일은 교회의 개개인들이 가정과 직장에서 개인적으로 증언함으로써만 이루어지는 것은 아니다. 이 일은 또한 회중의 공동의 증거 활동을 통해서, 그들의 교제 속에서 드러나는 형제애와 거룩하고 신실한 예배 그리고 집단적이고 지속적인 전도 활동을 통해서 이루어지는 것이다.

4장

하나님의 영: 복음 전도의 원동력

복음 전도는 힘든 일이다. 해 본 사람이라면 누구나 이 말에 동의할 것이다. 복음을 전하는 설교자건 혹은 개개의 증인들이건 간에 전도자들은 에스겔이 그랬던 것처럼 청중은 "배반하는 자…뻔뻔하고 마음이 굳은 자"요, "이마가 굳고 마음이 굳[은]" 자들임을 발견하게 된다.[1] 때로 이들은 매우 강하고 적대적인 행동을 한다. 그러나 대개의 경우 청중의 반응은 차가운 무관심이다. 그들의 마음은 편견에 사로잡혀 있고, 쾌락에 도취되어 있다. 그들의 방어벽은 절대로 뚫고 들어갈 수 없을 것만 같다. 복음 전도자는 고귀한 씨앗을 뿌리지만, 어떤 씨앗은 사람들의 마음의 표면에서 이미 튕겨져 나가 버린다. 마음을 뚫고 아주 조금 들어가더라도 고난의 불꽃에 즉시 타 버리거나, 세상의 유혹에 질식되어 버린다. 진실로,

---

1 겔 2:3-4; 3:7.

영혼을 얻기란 몹시 힘들다.

실망과 좌절을 끌어안고 사는 것은 위태로운 일이다. 그렇기 때문에 어떤 사람들은 한정된 노력으로 복음 전도의 효과를 높이려고 불법적인 방법까지 동원하게 되었다. 이들은 사람들을 예배나 모임에 끌어들이기 위해 각종 묘안을 짜 낸다. 그들은 복음 전도 기술을 개발하고 완벽하게 습득한다. 동네 공장에서 생산하는 상품과 마찬가지로 영혼도 만족스럽게 가공 처리될 수 있다는 인상을 풍기면서 말이다. 또는 과장과 웅변술, 이성이 결여된 감성주의를 매개로 해서 상대방의 마음에 압력을 가하면서 그리스도께 굴복하라고 들들 볶는다. 한마디로 말해서 이들은 성령의 능력보다는 인간의 힘을 의지한다. 이런 일을 하는 사람은 윌리엄 사전트(William Sargant) 박사의 혹평을 면치 못할 것이다. 사전트 박사는 유명한 저서 『마음을 얻기 위한 전쟁』(Battle for the Mind)[2]에서 기독교의 복음 전도 형태 중 어떤 것들은 공산주의자들의 끔찍스런 세뇌와 별다를 바가 없다고 주장했다.

하나님의 영광을 드러내려는 열정, 성경적인 복음에 충실을 기하는 것 그리고 지역 교회를 동원하는 것이 그 자체로 성공적인 복음 전도를 촉진하거나 사람들을 그리스도께로 인도하는 것은

---

2   Heinemann에서 1957년에 출판했다. 그러나 Lloyd-Jones의 *Conversions Psychological and Spiritual*에 실려 있는 Sargant 박사의 논문에 대한 비평과 비교해 보라.

아니다. 오직 성령만이 그런 일을 하실 수 있다. 왜냐하면 "증언하는 이는 성령이시니 성령은 진리"[3]이기 때문이다. 그리고 그분의 거룩한 증거의 능력 없이는 모든 인간의 증거는 무력하다. "모든 소란과 언어의 장벽을 허물 수 있는 성령만이 위대한 해석자"[4]이시며 복음을 효과 있게 전하실 수 있다.

복음 전도에 대한 고전적인 정의 가운데 하나는 「교회의 전도 사역에 관한 대감독 위원회의 연구」(Archbishop's Committee of Enquiry on the Evangelistic Work of the Church, 1918)에 공식화되어 있으며 후에 "영국의 회심을 향하여"(1945)에서도 채택된 것으로서,[5] 그것은 다음과 같다. "복음 전도는 성령의 능력 안에서 그리스도 예수를 제시함으로써 사람들로 하여금 그분을 통해서 하나님을 믿게 하는 것이다…." 패커(J. I. Packer) 교수는 이러한 정의에 대해 문장의 뒷부분에서 목적을 나타내는 말이 와야 할 자리에 결과를 가리키는 말이 있다고 바르게 비판했다. 복음을 전한다는 것은 "성령의 능력을 통해 사람들로 하나님을 믿게 하기 위해…그리스도 예수를 제시하는 것이다"라고 말하는 대신에 "성령의 능력 안에서 그리스도 예수를 제시함으로써 사람들로…믿게 하는 것이다"라고 말한다면, 이는 "복음 전도를 다른 사람들의 삶에 미치는

---

3 요일 5:6.
4 *What is Evangelism?*, pp. 81-82.
5 p. 1.

효과의 맥락에서 정의하는 것이다. 이것은 결국 복음 전도의 핵심이란 회심자를 양산해 내는 것이라는 말이 된다." 사실은 "복음 전도란 그저 복음을 전하는 것인데 말이다."[6] 이것은 옳은 비판이다. 그럼에도 불구하고 우리는 이 정의에서 성령이 중요한 위치에 있음에 감사한다.

복음 전도와 부흥

앞에서 우리는 예수 그리스도께로 나오는 회심자들을 얻는 것은 성령의 사역임을 강조했으므로, 이제는 성령의 비상한 활동과 일상적인 활동, 즉 '부흥'과 '복음 전도'의 차이점을 살펴보아야겠다. 죽었던 영혼이 살아나는 것은 자연적인 과정이 아니라 은혜로 일어나는 기적이기 때문에, 둘 다 초자연적이다. 그러나 부흥은 성령의 특별한 움직임이다. 부흥의 시기에는 하나님이 어느 한 지역을 '방문하셔서', 그 지역 전체가 하나님의 임재를 깨닫고 과거에는 무시했던 영적 실재에 열중하게 된다. 그리고 죄의 자각, 회개와 회심, 구원의 기쁨, 형제애, 성화 등 모든 것이 편만해진다. 복음 전파를 방해하는 난공불락의 장벽은 사라지고, 마음이 완악한 죄인의 마음은 부드러워지며, 구속받을 수 없을 것 같은 사람이 구속받

---

6   *Evangelism and the Sovereignty of God*, pp. 40-41.

고, 변할 것 같지 않던 사람들이 변한다. 성경의 비유적인 표현으로 말하자면, 하나님의 백성 이스라엘이 "여호와의 성소"와 "그의 영토"—하나님이 거하시고 다스리시는 장소—가 될 때 "바다가 보고 도망하며 요단은 물러갔으니 산들은 숫양들같이 뛰놀며 작은 산들은 어린양들같이 뛰었도다." 왜 그런가? 대답은 다음과 같다. "땅이여, 너는 주 앞 곧 야곱의 하나님 앞에서 떨지어다."[7]

그런 '부흥'은 하나님의 주권적인 역사다. 참으로, 역사가 주는 교훈을 보면, 부흥의 시기는 보통 영적 죽음과 가뭄의 시기 후에 찾아온다. 이 시기에 하나님의 백성은 하나님 앞에서 겸손해져서, 하나님을 향한 열망과 갈망으로 그분의 간섭을 간절히 바라게 된다. 그러나 어쨌든 부흥은 인간의 명령이나 통제에 달려 있지 않다.

그렇다면, 우리는 복음을 전하기 위해서 부흥이 일어나기만을 기다려야 하는가? 그렇지 않다. 우리는 하나님이 "하늘을 가르고 강림하시고"[8] 아주 특별한 방문을 통해 자신의 큰 이름의 거룩하심을 변호하시기를 고대하며 기도할 수는 있겠지만, 그렇다고 하나님이 그렇게 하실 때까지 교회의 정규적인 복음 전도 사역을 중지할 자유는 없다. 그리고 이렇게 그칠 새 없는 복음 전도는 부흥과 마찬가지로 성령의 능력에 달려 있다.

우리가 아무리 복음의 각 단계를 설명해 준다 해도, 성령이 없

---

[7] 시 114편.
[8] 사 64:1.

으면 아무런 효과도 없다. 우리는 2장에서 복음이란 죄, 은혜, 믿음에 관한 것임을, 즉 인간의 도덕적 궁핍, 그 궁핍을 채워 주기 위해 그리스도 안에서 하나님이 행하신 일 그리고 믿음의 순종을 통해 그리스도를 자기 것으로 만드는 것에 관한 것임을 살펴보았다. 이제 우리는 이 각각의 단계에서 어떻게 성령의 사역이 가장 핵심이 되는지를 살펴볼 것이다. 성령은 먼저 사람들로 하여금 죄에 대해 확신을 갖게 하고, 둘째로 그리스도에 대한 비전을 보게 하며, 셋째로 회심과 거듭남에 이르게 하신다. 이제 한 가지씩 차례로 살펴보자.

죄의 자각

그렇다면 첫 번째 필요조건은 죄에 대한 자각이다. 나는 2장에서, 우리는 다른 사람들의 절박한 필요에 민감해야 하며, 사실상 많은 사람이 죄에 대한 심각한 깨달음 없이 회심하고 있음을 경계해야 한다고 논했다. 그러나 그렇다고 해서 우리가 "의와 절제와 장차 오는 심판"[9]에 대해 말해야 할 책임이 없어지는 것은 아니다. 복음은 구원의 좋은 소식이며 구원은 죄로부터의 구출이기 때문에, 우리는 복음을 증언할 때 죄라는 주제를 그냥 지나칠 수 없다. 만일

---

9   행 24:25.

그냥 지나친다면, 이는 성경적인 복음을 왜곡하고, 따라서 복음 전도에 대한 성경적 개념을 변질시키는 것이다.

하지만 평온한 무관심에 빠져 있는 사람들을 어떻게 치료해서, 자신의 죄를 자각하고 자신을 구원해 달라고 그리스도께 매달리게 할 수 있겠는가? 오직 성령만이 그 일을 하실 수 있다. 예수님은 다음과 같이 말씀하셨다. "그가 와서 죄에 대하여, 의에 대하여, 심판에 대하여 세상을 책망하시리라. 죄에 대하여라 함은 그들이 나를 믿지 아니함이요, 의에 대하여라 함은 내가 아버지께로 가니 너희가 다시 나를 보지 못함이요, 심판에 대하여라 함은 이 세상 임금이 심판을 받았음이라."[10] 죄, 의, 심판 이 세 가지가 바로 성령께서 사람들에게 확신시켜 주실 진리의 세 가지 범주다. 그리고 그분은 이 각각이 그리스도와 어떻게 관련되는지를 보여 주실 것이다. 사람들은 죄의 심각성(죄인들이 그리스도를 거부했기 때문에), 의의 실현 가능성(그리스도가 하나님께 받아들여졌기 때문에), 심판의 확실성(그리스도 안에서 사탄이 이미 심판을 받았기 때문에)을 깨닫게 될 것이다. 이 세 가지 도덕적 실재 중에서 첫 번째 것(죄)이 가장 처음에 오며, 나머지 두 가지는 첫 번째 조건의 결과로 나타날 수 있는 것들이다. '의'는 하나님이 회개하는 자를 의롭다 하시는 것이며, '심판'은 회개하지 않는 자에게 내리는 하나님의 정죄이기 때문

---

10 요 16:8-11.

이다. 그러므로 인간은 자신의 죄를 인정하는 데 이를 때에만 그리스도 안에서 믿음을 통해 의를 얻고 심판을 피할 수 있다.

성령께서 사람들이 죄를 확신할 수 있도록 쓰시는 도구가 바로 율법이다. "죄는 불법"[11], 즉 하나님의 법을 범하는 것이기 때문이다. "율법으로는 죄를 깨달음이니라."[12] "율법으로 말미암지 않고는 내가 죄를 알지 못하였으니."[13] 바로 이런 의미에서 "율법이 우리를 그리스도께로 인도하는 초등교사가" 된다.[14] 율법이 우리를 정죄할 때에야 우리는 비로소 우리를 의롭다 하실 그리스도께 눈을 돌리게 되는 것이다.

죄와 속죄 양쪽에 관련된 율법의 이런 범주를 거부하는 사람들은 오늘날 매우 많다. 그들은 말하기를, 이런 방식은 법률적 개념을 도입하기 때문에 대다수의 사람에게는 의미가 없다고 한다. 그러나 우리는 단호하게 이 말을 거부한다. '율법'에 대한 성경의 언급은 시간이 흘러도 의미를 잃지 않는다. 왜냐하면 율법은 유대법, 로마법, 봉건법 혹은 영국법과 같은 것이 아니라, 시간의 제한을 받지 않는 하나님의 법으로서 하나님의 변치 않는 성품을 알기 쉽게 표현하는 것이기 때문이다. 게다가 법이란 보편적인 현상이기 때문에, 인간들은 '율법'이 무엇인지 즉각적으로 이해한다. 인간 사회가

---

11   요일 3:4.
12   롬 3:20.
13   롬 7:7.
14   갈 3:24.

존재하는 어느 곳에서나 법은 작용하고, 사람들은 법이 갖는 권위와 강제력 그리고 그것의 형벌을 잘 알고 있다.

율법이 차지하는 위치

그러므로 우리는 복음을 전하기 전에 율법을 전해야 한다. 이것이 오늘날처럼 절실하게 필요한 때는 없었다. 오늘날은 그 어느 때보다도 권위에 대한 저항감이 편만해 있기 때문이다. 복음만이 율법이 정죄한 사람들을 의롭다 할 수 있다. 이것이 바로 율법과 복음의 제한적인 역할이다. 루터가 표현한 대로, 율법이 하는 일은 "겁주는" 것이며, 복음이 하는 일은 "의롭다 하는" 것이다.[15] 그리하여 각 개인의 영적인 여정은 하나님이 인류를 다루신 역사의 축소판이 된다. 하나님은 자신의 아들을 급히 보내지 않으셨다. 따라서 우리도 그분을 급하게 전할 수 없다. 먼저 장기간에 걸친 교육과 준비 과정이 있어야 하는데, 특히 율법을 제시함으로써 죄의 실제와 그 심각성을 드러내야 한다. 율법은 지금도 여전히 동일한 기능을 한다. 본회퍼는 옥중에서 이렇게 썼다. "사람은 율법에 자신을 내어 줄 때에야 비로소 은혜에 대해 말할 수 있게 된다.…나는 너무 빨리 혹은 너무 직접적으로 신약성경을 다루는 것이 기독교적

---

15 *Commentary on the Epistle to the Galatians* (Clarke, 1953), p. 423.

이라고는 생각하지 않는다."[16] 율법을 간과하는 것은 복음을 싸구려로 만드는 행위다. 우리는 그리스도를 만날 준비를 하기 전에 모세를 만나야만 한다.

따라서 우리는 실제로 율법에 대해 설명하는 것을 두려워하지 말아야 한다. 오히려 사람들의 눈앞에 하나님의 변치 않는 기준들, 즉 그분의 단호한 요구들과 우리의 모든 존재를 다해 하나님을 사랑하고 이웃을 우리 몸처럼 사랑하라는 최고 명령을 계속해서 보여 주어야 한다.

그러나 성령께서 율법을 사용해서 죄인들로 하여금 자기 죄를 확신하게 하신다면, 교회 밖에 있는 사람들에게는 어떻게 율법을 깨닫게 할 수 있겠는가? 교회 건물 바깥벽에 십계명을 새겨 놓기라도 해야 하는가? 아니면 십계명을 포스터로 인쇄해서 돌리거나, 행인들에게 십계명을 읊어 주거나, 노천에서 십계명을 외치기라도 해야 하는가? 이런 방법들도 물론 무시해서는 안 될 것이다. 그러나 하나님은 사람들이 하나님의 율법을 알 수 있는 다른 수단들을 선택하셨다. 우리는 이를 통해 율법을 추상적인 개념이 아니라, 구체적인 현실로 알 수 있게 된다.

그 첫째 방법은 그리스도 자신이시다. 예수님은 "율법 아래"서 태어나셨다.[17] 그리고 난 지 팔 일째 되는 날 할례받은 것을 시작으

16　*Letters and Papers from Prison* (1959), p. 50. 『옥중서간』(대한기독교서회).
17　갈 4:4.

로 해서 십자가에서 죽으실 때까지, 그분은 율법에 완전히 복종하셨고 그럼으로써 "모든 의를 이루"셨다.[18] 많은 사람들은 자신이 벌거벗겨진 상태에서 십계명을 들을 때는 마음이 움직이지 않다가, 자신이 예수님의 거룩한 삶으로 옷 입혀진 것을 보면서 죄에 대해 인식하게 된다. 우리가 자제력과 자기희생의 극치를 이루신 예수님의 모습에 맞닥뜨리면, 그분의 무릎 아래 엎드려 시몬 베드로처럼 이렇게 울부짖을 수밖에 없게 된다. "주여, 나를 떠나소서. 나는 죄인이로소이다."[19]

예를 들어 보자. 헝가리 출신의 한 유대인 사업가는 55세 때 경험한 회심을 다음과 같은 말로 표현하였다. "소경이었던 저의 눈이 열리고 예수님의 얼굴에서 사랑과 순결함을 보게 되자, 나의 잘못들이 모두 비추어졌습니다. 저는 제 자신이 얼마나 사악한 죄인인지를 보게 되었지요. 그때 저는 십자가를 보았고, 골고다의 의미를 처음으로 이해하게 되었습니다. 저는 엎드려 참된 회개를 하면서 주 예수께 간구했습니다. 나의 죄를 속하기 위해 흘리신 그분의 고귀한 피로써 나를 덮어 달라고 말입니다."

율법의 첫 번째 체현이 그리스도라면, 두 번째 체현은 그리스도인이다(혹은 그리스도인이어야만 한다). 하나님의 백성은 하나님의 법

---

18   마 3:15.
19   눅 5:8.

을 사랑하며 그것을 지키고자 노력한다.[20] 여기서는 소위 '새로운 도덕성'을 옹호하는 사람들, 즉 그리스도인의 삶에서 율법이라는 범주는 폐지되었다고 주장하는 사람들과 논쟁할 여지조차 없다. 성경 기자들은 이들의 주장을 인정하지 않을 것이라는 점을 밝히는 것으로 충분하다. 신약성경은 율법의 폐지를 가르치기는커녕, 오히려 하나님은 그분의 아들을 보내사 우리를 위해 죽게 하셨는데 이는 "우리에게 율법의 요구가 이루어지게"[21] 하려 하심이라고 선언한다. 그리고 신약성경은 하나님이 우리의 마음에 그분의 율법을 쓰시려고 그분의 영을 우리의 마음에 보내신다고 선언한다.[22] 그러므로 예수님 안에서 최고의 빛을 발하고 있는 하나님의 율법의 빛은, 하나님의 제자들 속에서도 빛을 발한다. 그리고 이 빛은 어두움을 드러내어 부끄럽게 한다. 그리스도의 삶 속에서도 그러했다. "그 정죄는 이것이니 곧 빛이 세상에 왔으되 사람들이 자기 행위가 악하므로 빛보다 어두움을 더 사랑한 것이니라. 악을 행하는 자마다 빛을 미워하여 빛으로 오지 아니하나니 이는 그 행위가 드러날까 함이요."[23] 사도 바울도 그리스도인에 대해 이와 동일한 진리를 언급하였다. "너희가 전에는 어둠이더니 이제는 주 안에서 빛이라. 빛의 자녀들처럼 행하라.…너희는 열매 없는 어둠의 일에 참

---

20 시 119편은 거듭난 신자의 감정과 언어로 표현된 시다.
21 롬 8:4.
22 렘 31:33; 참조. 겔 36:27.
23 요 3:19-20.

여하지 말고 도리어 책망하라."²⁴ 다시 말해, 빛 자체는 어둠의 일의 실체를 드러내어 어둠을 부끄럽게 한다.

이것은 그저 신학적인 진리에 불과한 것이 아니다. 실제로 이 일은 끊임없이 발생한다. 성령께서 불신자들의 양심을 찌르기 위해 사용하시는 도구는 바로 일관성 있고 율법을 지키며 빛이 되는 그리스도인의 행동이다. 부끄러움은 그들을 죄책감으로 인도하고, 죄책감은 죄인을 품으시는 그리스도께로 그들을 인도한다.

바클리 벅스톤(Barclay Buxton)이라는 사람의 삶을 통해서 실례를 들어 보겠다. 그는 약 17년 간 일본에서 선교사로 일했으며, 일본 선교 연합(Japan Evangelistic Band)의 공동 설립자였다. 그는 죽기 한두 해 전 팔십대 중반일 때, 관절염 때문에 일주일에 두 번씩 런던에 와서 치료를 받았다. 그리하여 그는 승강기를 타고 내리는 것을 도와주던 병원의 관리인과 친숙해졌는데, 그 관리인은 이 노인에게서 깊은 인상을 받았다. "그 나이든 신사는 어떤 분이신가요?" 어느 날 그는 한 접골사에게 물어 보았다. "왜 물어 보시는데요?" "제발 말씀 좀 해 주세요. 그분만 보면 왜 이렇게 제가 더러운 인간으로 느껴지는지 모르겠어요."

---

24   엡 5:8-13.

그리스도에 대한 성령의 증거

성령께서 제일 먼저 하시는 일이 죄를 깨닫게 하는 것이라면, 그다음으로 하시는 일은 그리스도를 증언하는 것이다. 이 두 가지 행동은 그리스도를 거부하는 세상을 향한 사역이다. 예수님은 "그가 와서 죄에 대하여…세상을 책망하시리라"라고 말씀하셨다.[25] 그리고 이런 말씀도 하셨다. "세상이 너희를 미워하면 너희보다 먼저 나를 미워한 줄을 알라.…보혜사…성령이 오실 때에 그가 나를 증언하실 것이요."[26] 이 두 구절 모두에서 성령의 사역이 일어나는 상황은 믿지 않는 '세상' 속이며, 두 가지 경우에 쓰인 헬라어 전치사는 '…에 관하여'라는 의미의 '페리'(peri)이다. "그가 와서 죄에 **대하여**…세상을 책망하시리라." "성령이 오실 때에 그가 나에 **대하여** 증언하실 것이요." 그러므로 성령께서 세상과 대화하시는 가장 중요한 두 가지 주제는 바로 죄와 그리스도다. 이것이야말로 성령께서 말씀하시는 것들이며, 따라서 이것이야말로 우리 역시 말해야 할 것들이다.

이 순서에 대해서는 이미 앞에서 한 번 이야기한 바 있다. 우리는 우리 자신이 가장 중요한 증인들이라고 생각하고, 그다음에 성령께서 우리의 증거를 확증해 주시기를 소망하고 기도하는 경우가

---

25 요 16:8.
26 요 15:18, 26.

흔하다. 이것도 그 자체로는 맞는 말이다. 그러나 여기서 그리스도는 그 순서를 뒤집으신다. "그가 나를 증언하실 것이요 너희도… 증언하느니라."[27] 즉 성령께서 일차적인 증인이시고, 우리는 우리의 경험을 통해 그분의 증거를 확증한다. 그분이 우리의 증거를 확증하시는 것이 아니다.

성경 전체는 성자, 특히 "그 받으실 고난과 후에 받으실 영광"[28]에 관한 성령의 증거다. 그리고 우리가 성경을 통해 그리스도를 전할 때, 성령은 즐거이 자신의 증거를 확증하신다. 토리(R. A. Torrey) 박사는 자신의 책에서, 무디(Moody)가 최초 기독교 설교의 영향에 관해 어떻게 설명했는지 말하고 있다. 오순절에 사도 베드로가 성경을 통해 그리스도를 증언할 때, "성령은 '아멘'이라고 말씀하셨고, 사람들은 그것을 보고 믿었다."[29]

대참사위원 브라이언 그린(Bryan Green)의 선언은 논쟁의 여지가 없다. 그는 말했다. "기독교적 회심이라고 부를 수 있는 회심에는 항상 그리스도에 대한 어느 정도의 지식이 존재한다."[30] 사실 그리스도 자신이야말로 모든 회심의 중심이시다. 그러나 우리는 그리스도에 대한 이런 통찰이 하나님의 계시 없이는 불가능하다는 것

---

27 요 15:26-27(문자적으로).
28 벧전 1:11.
29 *The Person and Work of the Holy Spirit* by R. A. Torrey (Nisbet, 1910), p. 95.
30 *The Practice of Evangelism*, p. 38.

을 똑같이 명백하게 인식하고 있는가? 시몬 베드로가 가이사랴 빌립보에서 예수님에 대한 자신의 믿음을 고백했을 때, 예수님은 이렇게 덧붙이셨다. "이를 네게 알게 한 이는 혈육이 아니요 하늘에 계신 내 아버지시니라."[31] 이 말씀은 모든 회심에 예외 없이 적용될 수 있을 것이다.

어떤 사람들은 때때로 다마스쿠스 도상에서 회심한 다소의 사울에 대해, 그의 회심은 워낙 비정상적이어서 오늘날 회심의 유형으로 삼기는 어렵다고 말한다. 그 회심이 보여 주는 극적이고 외면적 현상—빛이 비쳤다든지, 히브리어로 말씀이 들렸다든지, 그가 장님이 되어 땅바닥에 굴렀다든지 하는—만 보면 이 말도 맞는 것 같다. 그러나 사울의 내적인 체험의 핵심은, 그가 다음과 같이 표현한 것을 볼 때, 다른 모든 사람과 동일하다. "그(예수님—옮긴이)를 내 속에 나타내시기를 기뻐하셨을 때에."[32] "하나님께서 예수 그리스도의 얼굴에 있는 하나님의 영광을 아는 빛을 우리 마음에 비추셨느니라."[33] 회심한 그리스도인은 모두 자기 자신의 경험을 통해 이와 동일한 고백을 할 수 있다. 과거에 우리는 우리의 죄와 죄책과 위험을 모르던 만큼이나 그리스도의 영광을 몰라 본 장님이었다.[34] 그러나 이제는 우리의 눈이 열려 그분을 구세주요 주님으

---

[31] 마 16:17.
[32] 갈 1:16.
[33] 고후 4:6.
[34] 고후 4:3-4; 참조. 요 9:25.

로 볼 수 있게 되었다. "성령으로 아니하고는 누구든지 예수를 주 시라 할 수 없[기]" 때문이다.[35]

회심과 거듭남

성령의 세 번째 사역은, '회심'(conversion)과 '거듭남'(regeneration) 이라 부르는 빼놓을 수 없는 사건을 실제로 일어나게 하는 일이다. 이 단어들에 대해서는 너무나 많은 오해가 있기 때문에, 여기서 그 의미를 분명히 할 필요가 있다. 어떤 의미에서 이 둘은 서로 떼어서 생각할 수 없는 것들이다. 회심한 사람은 모두 거듭난 사람이다. 그리고 거듭난 사람은 모두 회심한 사람이다. 그러나 이 둘은 또한 구분할 수 있다(그리고 구분해야만 한다). 회심이 갑작스러운 것이냐 점진적인 것이냐에 대한 질문에 답하려면 사실 회심이 무엇인지 세심하게 구분하고 명확하게 개념 정의를 해야만 한다. 이 둘의 근본적인 차이점은, 물론 나중에 더 명료하고 자세하게 설명해야 하겠지만, 거듭남이란 **하나님**이 하시는 일이고, 회심은 **우리가** 우리 자신에게 하는 (비록 우리 스스로 하는 것은 아닐지라도) 일이라는 것이다.

거듭남이란 새로운 탄생이며, 누구든지 영적으로든 육체적으로든 자기 자신을 스스로 낳는다는 것은 말이 안 되는 일이다. 따라

---

35 고전 12:3.

서 새로운 탄생은 '위에서 나는'(개역개정은 "거듭나지"로 번역—편집자)[36] 탄생이며, "성령으로"[37] 나는 탄생이고, "하나님께로부터"[38] 나는 탄생이다. 우리를 "낳으[신]" 분은 하나님이시며,[39] 하나님은 우리 안에 성령을 두시고 우리의 영혼에 생명을 심으셔서, 우리로 그분의 거룩한 성품에 참여하는 자가 되게 하신다.[40] 이 모든 일은 우리를 그리스도 안에서 "새로운 피조물"[41]이 되게 하시는 하나님만이 하시는 일이다.

그러나 회심은 우리가 하는 일로서, 사도행전 9:35, 11:21, 26:20에서와 같이, 우리가 하나님께로 "돌아오[는]" 것이다. 여기서 '돌아오다'라는 말이 영어 성경에서는 '회심되다'라는 수동태로 표현되어 있어 혼동의 여지가 있으나 헬라어 성경에는 능동태로 표현되어 있다. 이 동사가 신학 외적인 영역에서 쓰일 때는 예수님이 무리를 향해 돌아서셨다는 표현에서처럼 한 쪽에서 다른 쪽으로 '방향을 바꾸다'는 의미를 갖는다.[42] 혹은 한 장소에서 다른 장소로 '돌아가다'(return)라는 의미로 쓰이는데, 예수님의 가족이 예루살

---

36 요 3:3, 7에 나오는 *anothen*은 '새롭게'(RSV) 혹은 '위로부터'(RSV 관주)로 번역할 수 있다.
37 요 3:5, 6, 8.
38 요 1:13; 요일 3:9; 4:7 등.
39 예를 들면, 약 1:18.
40 예를 들면, 갈 4:6; 엡 2:1; 벧후 1:4.
41 고후 5:17.
42 예를 들면, 막 5:30.

렘에서 나사렛으로 돌아갔다는 표현에서 바로 이 단어가 쓰였다.[43] 이 동사가 신학적인 의미에서 쓰일 때도 이러한 두 가지 동작의 이중적 의미를 함축한다. 즉, 우상숭배에서 돌이켜 살아 계시고 참되신 하나님께로 돌아간다는 표현이나,[44] 양과 같이 길을 잘못 들어 죄의 길에서 헤매다가 돌이켜 우리 영혼의 목자의 보호 아래 돌아간다는 표현이 그러하다.[45] 우상숭배와 죄에서 돌이키는 것을 **회개**라고 하고, 하나님과 그리스도께 돌아오는 것을 **믿음**이라고 하기 때문에, 회개와 믿음을 합쳐서 **회심**이라고 결론지을 수 있다.

우리는 거듭남은 하나님이 행하시는 것('낳는 것' 혹은 '살리는 것')이고, 회심은 우리가 행하는 것('돌이키는 것')이라는 차이점을 살펴보았다. 이제는 이 차이점에도 불구하고 이 둘은 다 하나님의 역사라는 점을 덧붙여야겠다. 비록 우리가 회개하고 믿음을 가지라는 요청을 받으며[46] 이 두 가지 행동은 모두 인간 쪽에 책임이 있지만, 그럼에도 불구하고 이 일은 우리 자신의 힘만으로도, 그렇다고 오로지 하나님의 은혜만으로도 될 수 없는 일이다. 인간이 회개에 이를 수 있는 것은 하나님의 "인자하심" 때문이며,[47] 인간이 믿을 수 있는 것도 "은혜로 말미암[은]" 것이다.[48] 둘 다 하나님의 은혜인 것

---

43 눅 2:39.
44 살전 1:9.
45 벧전 2:25.
46 예를 들면, 행 17:30; 16:31.
47 롬 2:4.
48 행 18:27.

이다. 베드로는 하나님이 이방인들에게 "생명 얻는 회개를 **주셨도다**"[49]라며 하나님께 영광을 돌리고, 바울도 빌립보 교인들에게 말하기를 (하나님이—옮긴이) 그들로 하여금 그리스도를 믿게 "**하심이라**"라고 말한다.[50]

회개와 믿음이 하나님으로부터 주어진 것이라는 사실은 성경에서 쉽게 알 수 있으며, 인간의 경험을 통해서도 쉽게 알 수 있다. 사실 모든 그리스도인이 이 사실을 인정한다. 패커 박사도 자신의 회심에 대해 하나님께 감사드리면서 다른 사람들의 회심을 위해 기도하는 가운데 이 점을 유력하게 논증하고 있다. 그는 독자들에게 이렇게 말한다. "이렇게 당신의 중보 기도를 통해 그리고 당신 자신의 회심에 감사하는 기도를 통해, 당신은 하나님의 주권적인 은혜를 인정하고 고백하는 것이다. 그리고 전 세계에 있는 그리스도인들도 모두 그렇다.…고개를 꼿꼿이 들고 생각하면 이 말에 대해 반박할 여지가 있겠지만, 무릎을 꿇고 생각하면 우리는 모두 이 말에 동의하게 된다."[51]

현대에, 인간을 찾아다니시는 하나님을 묘사한 가장 감동적

---

49 행 11:18, *edoken*; 참조. 행 5:31.
50 빌 1:29, *echaristhe*; 참조. 엡 2:8.
51 *Evangelism and the Sovereignty of God*, pp. 12-17. 이 책 전부는 하나님의 주권과 선택 그리고 복음 전도의 상관관계에 대해서 명확한 개념을 얻고 싶은 사람의 필독서다. 이 책의 주요 강조점은 다음과 같다. "은혜로우신 하나님의 주권이야말로, 복음 전도를 헛되게 하기는커녕, 오히려 복음 전도가 헛되게 되는 것을 막아 준다. 하나님의 주권이 복음 전도가 결실을 맺을 가능성—사실은 확실성—을 만들어 내기 때문이다"(p. 106).

인 예로는 루이스(C. S. Lewis)의 자전적 글인 『예기치 못한 기쁨』 (Surprised by Joy, 홍성사)에서 볼 수 있다. 그는 그 의미를 잘 전달하기 위해 많은 비유를 섞어 표현하고 있다. 첫째로 하나님은 "고기를 낚는 위대한 낚시꾼이시며, 나는 그 낚시 바늘이 내 입 속에 들어올 줄은 꿈에도 생각지 못했다."[52] 다음으로 낚시꾼은 사냥꾼으로 바뀐다. "여우는 헤겔의 숲에서 쫓겨 나와 이제 광야를 달리고 있었다.…여우는 지치고 흙투성이가 되었고 저 뒤에서는 사냥개들이 쫓아오고 있었다. 그리고 이제는 거의 모든 사람이 (여기저기서) 모여들었다."[53] 그는 어떻게 해 볼 도리가 없음을 느끼면서, 이제는 하나님이 자신을 갖고 논다는 표현까지 하기에 이른다. "상냥한 무신론자들은 '하나님을 찾는 인간의 추구'에 관해 쾌활하게 말할 것이다. 그러나 내가 볼 때…그들은 쥐가 고양이를 찾는 것에 관해 말하는 편이 나을 것이다."[54] 마지막에 가서 낚시꾼, 사냥꾼, 고양이 비유는 무적의 장기 두는 사람 비유로 옮겨 간다. "장기판에서 내 말들은 가장 불리한 자리에 놓여 있었다. 이내 나는 내가 주도권을 쥐고 있다는 환상마저도 품을 수 없게 되었다. 상대편은 마지막 수를 두기 시작했다."[55] 그리고 그 책의 끝에서 두 번째 장의 제목은 "장군"(checkmate)이다.

---

[52] *Surprised by Joy* (Bles, 1955), p. 199. 『예기치 못한 기쁨』(홍성사).
[53] 앞의 책, p. 212.
[54] 앞의 책, p. 214.
[55] 앞의 책, p. 205.

하나님의 승리는 그림처럼 생생하게 묘사되어 있다. "나는 마그달린의 기숙사 방에 혼자 있었다. 그리고 밤이면 밤마다, 내가 하던 일에서 잠시 눈을 돌릴 때면, 나는 내가 그렇게도 만나기를 원치 않았던 하나님이 서서히 그리고 꾸준히 내게 접근하고 계심을 느꼈다. 그리고 내가 그렇게도 두려워하던 일이 결국 일어나고 말았다. 1929년 3학기에 나는 굴복했다. 그리고 하나님은 과연 하나님이심을 인정하고 무릎 꿇어 기도를 드렸다. 아마도 그날 밤의 나는 영국 전체에서 가장 저항적이고 맥 빠진 회심자였을 것이다. 지금은 너무도 찬란하고 확실하지만 그때는 내가 깨닫지 못했던 사실이 한 가지 있다. 그런 식으로 회심한 사람조차도 받으시는 하나님의 겸손이었다. 성경에 나오는 탕자는 최소한 제 발로 걸어서 집에 돌아왔다. 그러나 어떤 탕자가 문 앞에 와서도 발로 문을 차고 고민하고 분개하며, 도망갈 궁리를 하느라고 눈알을 이리저리 굴리고 있다면, 그에게 문을 열어 주시는 사랑에 대해서는 어떤 찬양의 말을 해도 부족하다.…하나님의 혹독함은 인간의 부드러움보다 더 인자하며, 그분의 애끓는 마음 때문에 우리가 자유함을 얻는다."[56]

우리의 체험은 이것보다 덜 극적일 수 있지만, 그것도 나름대로 이것과 동일하다. 우리는 자신의 회심을 스스로 가능하게 한 것이라고 주장하지 못한다. 우리는 회심의 주도권이 하나님께 있었음

---

56 앞의 책, p. 215.

을 겸손히 인정할 수밖에 없다. 앞에서 말한 바 있는 그 설문지에 대한 대답 중에서, 한 중년 의사는 '믿음의 단계'에 대해 이렇게 적었다. "저는 제 스스로 믿음을 가졌다고는 말할 수가 없습니다. 뭔가가 아니면 누군가가 결정적으로 저를 그렇게 밀어붙였습니다. 제 입장을 변호하는 논쟁을 하던 중간에—정말 어떤 문장 중간에—저는 갑자기, 제게 제시된 새 생명을 **받아들일 수 있겠다는** 생각이 들었습니다.…그래서 저는 십자가 앞에 굴복하고 **즉각적으로** 이렇게 말했습니다. '알겠습니다.'"

그러나 신약성경이 묘사하는 진정한 기독교적 체험에 제시되어 있는, 거듭남과 회심에 대한 신약성경의 가르침에 대해서 몇 가지 의문이 제기될 수 있다. 여기서는 그것들에 대해 간략하게 짚고 넘어가기로 한다. 첫째, 둘 중에 무엇이 먼저인가? 둘째, 그 두 가지는 갑작스러운 것인가, 점진적인 것인가? 셋째, 이 둘은 세례와 어떤 관계가 있는가? 넷째, 이 둘이 다 하나님의 역사라면, 복음 전도의 핵심은 무엇인가?

첫째로, 둘 중 어느 것이 먼저인가? 신약학자들 중에서 특히 개혁 신학을 강하게 고수하는 사람들은, 거듭남이 회심보다 우선하며 사실 회심은 거듭남의 첫 번째 열매라고 주장한다. 그들의 논리인즉, 불신자들은 영적으로 죽어 있기 때문에 위로부터 나기 전에는 회개하고 믿을 수 없다는 것이다. 이 입장의 강점은, 죄인들은 성령 없이는 죄로부터 그리스도께로 돌이킬 수 없다는 점을 강조한다는 것이다. 이것은 맞는 말이다. 그러나 이들의 표현은 때로 신약성경이 실제로 말하는 것을 넘어서는 경우가 종종 있다. 유추를 통해 논증을 하면서 "죽은 자는…을 할 수 없다"라고 말하는 것은 위험하다. 왜냐하면 예수님도 "죽은 자들이 하나님의 아들의 음성을 들을 때가 오나니 곧 이때라. 듣는 자는 살아나리라"[57]라고 말씀하셨기 때문이다. 더 나아가서 사도들이 일반적으로 증언하는 사건의 순서를 보면, 믿음이 생명보다 선행된다. 우리가 살게 되는 것은 믿음을 통해서다.[58] 그럼에도 불구하고 우리는 오직 은혜로만 믿을 수 있다는 단호한 선언을 더해야만 한다.

둘째로, 거듭남과 회심은 갑작스러운 것인가, 점진적인 것인가? 이 둘의 차이점을 이미 살펴보았으므로, 이 질문에 대해서만큼은 대답을 할 수 있다. 거듭남은 갑작스러운 것이다. 탄생이라는 은유 때문에 우리는 이렇게 답할 수밖에 없다. 육체적인 탄생 전에 수개월 간의 임신 기간이 있고 탄생 이후 몇 년 간의 발달 과정이 있지만, 탄생 자체는 거의 순간적으로 긴급하게 새로운 생명이 출현하는 것이다. 그렇기 때문에 모든 사람에게는 출생이 일어난 날인 '생일'이 있다. 그러므로 영적으로도, 하나님이 죽은 영혼을 살리신 어느 날, 심지어는 어느 순간이 있게 마련이다. 그렇다고 해서 이것이 **의식할 수 있는** 차원에서 갑자기 일어나는 것은 아니다. 우리는 부

---

57   요 5:25.
58   예를 들면, 요 3:15-16; 20:31.

모님이 가르쳐 주기 전에는 우리 생일을 알 수 없을 것이다. 마찬가지로 많은 사람은 하늘에서 하늘의 아버지가 가르쳐 주시기 전에는 자신의 영적 생일을 결코 알 수 없을 것이다.

그러나 회심은 점진적일 수 있다. 한 사람의 영적인 관심이 일깨워져서 결국 그리스도 안에서 회개하는 신자가 되기까지는 일정 시간이 경과한다. 그 기간은 짧기도 하고 길기도 하다. 이런 과도기는 다양하게 묘사되어 있다. "네가 적은 말로(in a short time) 나를 권하여 그리스도인이 되게 하려 하는도다."[59] "내가 믿나이다. 나의 믿음 없는 것을 도와주소서."[60] "네가 하나님의 나라에서 멀지 않도다."[61] 우리 모두는 이도 저도 아닌 단계에 있는 사람들, 즉 거의 설득이 되어서 믿음이 막 생기려고 하는, 하나님 나라에서 멀지 않은 사람들을 만나 본 적이 있다. 그러나 보통 하나님만이 아시는 그 순간이 오면, 회개하지 않던 사람이 회개하게 되고 불신이 믿음으로 바뀌며 신자가 탄생하게 된다. 물론 이것이 끝은 아니다. 탄생 뒤에는 성장, 의롭다 하심, 성화가 따라오지만, 탄생은 빼놓을 수 없는 시작이다.

앞에서 언급한 설문지에서 나는 우리 교인들에게 이런 질문도 했다. "당신의 영적 관심이 일깨워져서 회심에 이르기까지 시간이

---

59   행 26:28.
60   막 9:24.
61   막 12:34.

얼마나 걸렸습니까?" 이에 대해 단지 5명만이 하루에 갑자기 일어났다고 대답했고 5명은 며칠 사이에 일어났다고 대답했다. 몇 주가 걸린 사람이 10명, 몇 개월 걸린 사람이 22명 그리고 몇 년이 걸린 사람이 43명이었다. 나머지 15명은 기억할 수 없다고 대답했는데, 이들 대부분은 기독교 가정에서 태어나 자란 사람들이었다.

세례

세 번째로, 회심과 거듭남은 세례와 어떤 관계가 있는가? 여기서 곁길로 벗어나서 세례에 관한 신학을 장황하게 늘어놓을 수는 없겠다.[62] 하지만 세례가 복음 전도에서 차지하는 실제적인 의미 때문에 이 주제에 대해 짚고 넘어가야 할 것이 있다. 어떤 전도자들은 청중이 세례를 받았는지의 여부에 따라서 전하는 내용을 달리한다. 그러나 이런 태도는 세례가 거듭남을 보장하고 우리에게 생명을 주고 우리로 그리스도 안에 자리 잡을 수 있게 할 때에만, 논리적으로 말이 된다. 만일 사람들이 이미 세례를 통해서 '그리스도 안에' 있다면, 그들을 향해 "그리스도께 나아오라"라고 권고하는 것은 불가능하다. 그런 경우라면 그들이 곁길로 갈 때 그분께 돌아오라든지, 혹은 그들이 미숙할 때 그분 안에서 성장하라고 초청할

---

[62] 세례에 대한 개관에 대해서는 Geoffrey Hart, *Right to Baptize* (The Christian Foundations series No. 15, Hodder and Stoughton)를 보라.

수 있을 뿐이다.

이제 이 미묘한 문제를 신속히 해결해 보자. 결국 세례와 거듭남은 같은 것이 아니며, 세례를 받았다고 해서 거듭남이 일어나거나 보증될 수 있는 것도 아니다. 세례받은 사람들 중에도 영적으로 거듭나지 못한 사람이 있는가 하면, 비록 (최소한으로 말해서) 예외적이기는 해도 세례받지 않은 사람들 중에 거듭난 사람도 있다. 더 나아가서 반드시 강조하고 싶은 점은, 성경에서나 기도서에서나 세례가 거듭남을 가져온다는 가르침은 없다는 것이다. 세례가 거듭남을 가져온다는 생각을 갖게 되는 것은 세례식 때 선포되는 표현 때문인데(예를 들면 "지금으로부터 이 사람/이 아이는 거듭났음을…알리는 바입니다"), 이 말은 전체적인 예배 차원에서 해석해야 옳다. 성경에서와 마찬가지로 기도서에서도 특정 구절을 문맥에서 분리시켜 이해하는 것은 무책임한 일이다. 우리는 이렇게 자문해 볼 필요가 있다. "거듭났다고 선포되는 이 사람은 누구인가?" 그 사람은 단순히 삼위 하나님의 이름으로 세례를 받는 사람이 아니라, 세례를 받기 전에 이미 자신의 입을 통해서건 (어린아이인 경우) 자기의 후원자의 입을 통해서건 공개적으로 자신의 회개, 믿음, 굴복을 고백한 사람이다. 어린아이가 이렇게 말할 수 있다고 생각해서 세례를 준 개혁주의자들이 옳으냐 그르냐는 별개의 문제다. 여기서의 핵심은 영국 국교회 안에서 세례를 받은 어린아이들과 어른들은 **스스로 고백한 신자**라는 것이다. 이들을 가리켜 거듭났다고 선포하는 것도 이런 이유에서다. 그들은 그들이 그리스도 안에서 회개하는 신자라는 것과 동일한 의미에서 거듭난 사람들이다. 이것은 일종의 가설적인(hypothetical) 표현으로서, 성찬식을 거행할 때도 이러한 가설적 표현이 적합하며 신약성경 자체도 이러한 가설적 표현을 사용하여 다른 곳에서는 은혜와 믿음으로 표현한 것을 어떤 곳에서는 세례로 표현하고 있다.[63]

"공동 기도서"(Book of Common Prayer)와 신조(Articles)도 성찬식이 자동적으로 중생을 발효시킨다고 가르치지는 않고, 대신에 '받는 자'(receptionist)에게 달렸다는 견해, 즉 성찬식의 효과는 그 의식을 받아들이는 태도, 특히 믿음으로 받아들이는 자세에 달려 있다는 견해를 가르친다. "그것을 바르게 받아들이는 사람들에게만 그 효과나 기능이 작용할 것이다."[64] 기도서에 나오는 세례 문구는 이런 식으로 설명을 해야 하며, 거듭남의 의미를 그저 (탄생과 반대되는 개념인) 말씀의 씨가 뿌려진 상태 혹은 그리스도인들의 모임에 들어가는 허가서 정도로 희석시켜서 설명해서는 안 된다. 왜냐하면 우리에게는 거듭남의 성경적인 의미를 하나님으로부터의 탄생 외의 그 어떤 것으로 깎아내릴 권위가 없기 때문이다.

따라서 세례가 사람들을 눈에 보이는 교회(세례받은 사람들의 모임)로 들어가게 한다고 해서, 동일하게 그들을 눈에 보이지 않는 교

---

63 예를 들면, 롬 6:3-4; 갈 3:26-27; 벧전 3:21.
64 Article XXV *Of the Sacraments*.

회("모든 신실한 사람들의" 즉 신자들의 "축복받은 모임")로 들어가게 하는 것은 아니다. 세례는 거듭남을 보증하고 표시하는 하나의 성례전일 뿐이지, 세례가 거듭남을 가져오는 수단은 아니다. 그러므로 복음 전도 시에 우리는 세례받은 사람들에게도 그리스도께로 나아오라고 초청하거나, 아니면 최소한 그들이 이미 그리스도께 나온 자들임을 확신하도록 초청할 수 있다. 그들이 권리상 세례를 통해 이미 자신의 것이 된 것을 그들이 현실에서 믿음을 통해 주장할 수 있도록 하기 위해서 말이다. 이 점에서 아베 미코노의 말은 아주 신선하다(그가 자신이 쓴 말이 함축하는 의미를 다 받아들이고 있는지는 잘 모르겠지만). 그의 말에 따르면 프랑스의 산업 프롤레타리아 사이에서 "세례를 받은 사람들의 정신 상태가…세례를 받지 않은 사람들의 정신 상태와 전혀 다를 바가 없다. 두 부류가 똑같이 행동한다. 우리는 둘 다 이교도로 간주할 수 있을 것 같다." 따라서 그의 결론은 이렇다. "우리는 이미 선교된 나라에서 이미 선교된 교구를 다루어야만 한다."[65]

회심과 거듭남에 대해 우리가 제기해야 할 네 번째 질문은 이것이다. "두 가지 모두 하나님의 역사라면, 복음 전도의 핵심은 무엇인가?"

이 질문에 답할 때 우리는, 인간의 무능력을 역설하는 성경적

---

65 *Revolution in a City Parish*, pp. 1-3.

교리를 약화시켜서는 안 된다. 죄인을 구슬려서, 그들이 마음만 다부지게 먹고 최선의 노력을 기울이기만 하면 완벽하게 해낼 수 있는 일을 하도록 설득하는 것이 복음 전도의 목적이라고 생각한다면 그건 큰 오산이다. 성경은 이런 생각을 단호히 거부한다. 다음 두 구절을 잘 음미해 보라. "성령으로 아니하고는 누구든지 예수를 주시라 할 수 없느니라."[66] "아버지께서 이끌지 아니하시면 아무도 내게 올 수 없으니."[67] 우리는 교회 안에서 "아무도…할 수 없다"라는 말, 본성적으로 인간은 그리스도를 믿거나 그리스도께 갈 능력이 없다는 사실을 자꾸 더 들어야 한다. 오직 성령만이 사람들에게 그리스도를 계시하실 수 있다. 그리고 오직 하나님 아버지만이 사람들을 그리스도께로 인도하실 수 있다. 성부와 성령의 이러한 이중 작업이 아니고서는, 성자에게 도달할 수 있는 사람은 아무도 없다. 예수님이 또한 "너희가 영생을 얻기 위하여 내게 오기를 원하지 아니하는도다"[68]라고 말씀하신 것도 사실이고, 인간의 지성은 이 '할 수 없음'과 '원치 않음' 사이의 긴장을 산뜻하게 해결할 수 없다는 것도 사실이다. 하지만 이 두 가지는 모두 사실이며, 인간이 그리스도께 나아오는 것을 거부할 수 있다고 해서, 은혜가 아니고서는 인간이 그리스도께 나올 능력이 없다는 사실이 부인되

---

66 고전 12:3; 참조. 고전 2:14.
67 요 6:44; 참조. 롬 8:7.
68 요 5:40(문자적으로); 참조. 마 23:37.

는 것은 아니다.

복음 전도자가 인간의 무능함이라는 이 교리를 잊어버리면 결국 자기 확신에 빠지게 되기 때문에, 이 교리를 회복하는 것은 실제적인 의미에서 매우 중요하다. 우리의 복음 전도에서 많은 부분이 사실 잘못된 신학 때문에 약화되었다. 신약성경은 그리스도가 없는 사람에 대해, 마음이 완악하고(그는 자신의 죄를 느끼지 못한다), 눈이 멀었으며(그는 그리스도를 보지 못한다), 의지는 속박되어 있다고(그는 하나님께로 돌이킬 수 없다) 말한다. 더군다나 죄인 자신이 이런 일들을 행할 능력이 없을진대, 복음 전도자 역시 그 사람을 위해서 이 일을 대신해 줄 능력이 없다. 그러므로 성령의 역사는 빼놓을 수 없는 부분이다. 소경 된 자의 눈을 열어 주고 죽은 자에게 생명을 주는 일은 인간에게 맡겨지지 않았다. 오직 성령만이 이 일을 하실 수 있다. 우리는 회심과 거듭남이 성령의 사역임을 항상 되새겨야 할 것이다.

복음 전도의 핵심

이 사실은 우리를 네 번째 질문으로 돌아가게 한다. "그렇다면 복음 전도의 핵심은 무엇인가?" 이에 대해 내가 독자들에게 제시할 수 있는 최선의 대답은 고린도후서 4:4-6이 아닌가 생각된다. 이 구절에서 사도 바울은 회심하지 않은 사람들의 상태와 회심이라는 경이로운 사건에 대해 생생하게 묘사한다. 회심하지 않은 사람들의 상태는 이렇다. "이 세상 신(이는 사탄을 말하는데, 사실 사탄은 강탈자일 뿐이며 절대 신이 아니다)이 믿지 아니하는 자들의 마음을 혼미하게 하여." 사실 그들의 상태는 창조주가 질서를 세우시기 전이다. 그것은 창세기 1:2의 태초의 혼돈에 비유된다. 하나님의 창조 명령이 어둠을 가르고 울려 퍼지기 전까지 모든 것이 암흑이고 공허하며 뒤죽박죽이었다. 그리고 "빛이 있으라" 하시니 빛이 있었다. 바울은 회심도 그와 마찬가지라고 말한다. "어두운 데에 빛이 비치라 말씀하셨던 그 하나님께서 예수 그리스도의 얼굴에 있는 하나님의 영광을 아는 빛을 우리 마음에 비추셨느니라."

그러면서 여기서는 두 신이 대립된다. 바로 "이 세상 신"과 우리 주 예수 그리스도의 아버지 하나님이시다. 어둠의 왕자인 이 세상 신은 불신자들의 눈을 멀게 하는 반면에, 우리 주 예수 그리스도의 아버지 하나님은 빛의 하나님으로서, 사람들의 마음에 빛을 비춰 주신다. 이것은 눈에 보이지 않는 영적 전쟁이며, 인간의 영혼을 놓고 벌어지는 결투다. 이런 관점에서 보면 어떤 사람들은 이렇게 반문할 것이다. "그렇다면 이 두 신끼리 알아서 싸우도록 우리는 이 싸움터에서 물러서는 것이 분별력 있고 적절한 행동이 아니겠는가? 우리 약한 인간이 도대체 무슨 도움이 되겠는가?" 그러나 사도 바울의 결론은 이와는 전혀 다르다. 우리가 지금까지 살펴본 4절과 6절 중간에 그는 이렇게 써 넣었다. "우리는…그리스도 예수

[를]…전파함이라." 하나님의 주권적인 은혜는 전도를 불필요하게 만드는 것이 아니라, 사실은 전도를 필수 불가결하게 만든다. 사탄은 인간들로 하여금 보지 못하도록 막는 반면, 하나님이 인간들의 마음에 비추어 주시고자 하는 "빛"은 "그리스도의 영광의 복음의 광채"(4절)요 또는 "그리스도의 얼굴에 있는 하나님의 영광을 아는 빛"(6절)이다. 그러므로 복음을 전파하는 것이야말로 하나님의 사람들의 삶을 지배하는 사탄의 능력을 전복시키고 하나님의 구원의 빛을 사람들의 마음속에 비추어 주고자 지정하신 거룩한 수단이다. 하나님의 지혜와 기쁨은 '우리가 믿는 자들을 구원하기 위해 전하는 것의 어리석음을 통해서' 온다.[69]

그러나 이런 선포는, 그것이 교회 강단에서 다수의 청중을 향한 것이든 아니면 일대일로 하는 대화에서 이루어지는 것이든, 오직 성령의 능력이 동행하실 때에만 효과가 있을 것이다. 전하는 사람이 약하며 두려워하며 심히 떠는 것은 아무런 문제가 아니다. 그 선포가 "다만 성령의 나타나심과 능력"이기만 하면 된다.[70] 사실 복음 선포는 항상 이러해야 한다. 왜냐하면 "심히 큰 능력"이 하나님께 있고 우리에게 있지 않다는 사실은, 오로지 "질그릇"을 통해서 드러날 것이기 때문이며,[71] 오로지 우리의 약함을 통해서만 그

---

69 고전 1:21, RSV.
70 고전 2:3-4.
71 고후 4:7.

리스도의 능력이 온전해질 것이기 때문이다.[72]

이것이 '능력 있는' 사역에 따르는 개인적인 대가다. 하나님은 자신의 영광을 인간과 나누지 않으신다. 그리고 우리가 사도들처럼 "하늘로부터 보내신 성령을 힘입어"[73] "말로만 이른 것이 아니라 또한 능력과 성령과 큰 확신으로"[74] 복음을 전하기를 진심으로 원한다면, 우리는 우리 자신이 창조주 하나님 앞에서 다만 약하고 보잘것없는 피조물임을 겸손히 인정해야 할 것이다. 우리가 우리의 약함을 진심으로 영광스럽게 여길 때에만 그리스도의 능력이 우리에게 머무를 것이다.

하나님이 두드러지게 사용하신 많은 복음 전도자들은 모두 자신이 단지 하나님의 능력의 통로에 불과했던 경험들을 증언한다.

20세기 초 미국의 복음 전도자였던 토리 박사는 자신이 수년 동안 그리스도인이 되기를 거부했던 경험을 이야기한 바 있다. 그는 그리스도께 복종하면 사역자가 되어 설교하게 될 것을 몹시 두려워했다고 한다. "타고난 기질로 보면 사역자가 되기에 저보다 더 부적절한 사람은 없을 것입니다. 저는 유년 시절부터 유별나게 소심하고 부끄럼을 잘 탔습니다." 이어서 그는 사람들 속에 있을 때 수줍어했던 기억을 이야기했다. 그리고 회심해서 사역을 하면서,

---

72   고후 12:9-10.
73   벧전 1:12.
74   살전 1:5.

설교를 아예 외워 버린 일과 얼마나 고언을 겪었는지를 말했다. 그 뒤에 "저는 제가 설교를 하려고 회중 앞에 설 때 바로 제 옆에 누군가 다른 한 분이 서 계시다는 생각에 사로잡혔습니다.…그리고 제가 할 일은 가능한 한 멀찍이 서서 그분이 일하시도록 자리를 내어 드리는 것뿐임을 깨달았습니다. 이제 저는 설교하기를 두려워하지 않습니다. 설교는 제 생애의 가장 커다란 기쁨이 되었습니다…."[75]

빌리 그레이엄 박사도 이와 비슷한 말을 많이 했다. 예를 들면, 1954년 5월, 런던 지역 전도 집회(Greater London Crusade)의 마지막 집회에서 2,400명이나 되는 목사들 앞에서 설교를 해야 했던 그는 이렇게 말했다. "가끔 저는 하나님이 일하시는 것을 옆에서 구경하는 구경꾼 같은 느낌을 받았습니다. 마치 다른 사람이 설교하는 것처럼 저는 멀찍이 떨어져 있는 느낌이었지요. 저는 가능한 한 발을 빼고 성령께서 설교를 넘겨받으시도록 했습니다."[76] 그리고 토리 박사나 빌리 그레이엄처럼 복음 전도에 은사가 있는 사람들의 이런 경험은, 바로 가장 겸손한 그리스도인들이 경험하는 것이다.

그러므로 결국 복음 전도의 최고의 요건은 성령의 사역을 좀 더 잘 아는 것이다. 복음 전도가 별로 활성화되지 못한 교회들은 무엇

---

[75] *The Person and Work of the Holy Spirit* by R. A. Torrey (Nisbet, 1910), pp. 73-75.

[76] Frank Colquhoun, *Harringay Story* (Hodder and Stoughton, 1954), p. 164.

보다 먼저 이런 질문을 해 보아야 할 것이다. "우리 교회에서는 왜 성령께서 속박받으시는 것처럼 보이는가? 혹시 성령께서 우리의 죄 때문에 탄식하고 계시거나, 우리의 불신으로 방해받고 계신 것은 아닌가? 우리가 좀 더 깊이 회개해야 하는가, 아니면 좀 더 기도해야 하는가?"

그리스도께서는 제자들에게 가서 전하라고 말씀하셨다. 그러나 그분은 성령이 오실 때까지 이 명령을 시행하지 말고 기다리라고 하셨다.[77] 우리는 오순절 이후 시대를 살고 있기 때문에, 그때의 제자들처럼 '기다릴' 필요는 없다. 그러나 우리는 그와 동일한 '위로부터 오는 능력'을 계속해서 추구해야 한다. 그리스도의 약속은 지금도 사실이기 때문이다. "누구든지 목마르거든 내게로 와서 마시라. 나를 믿는 자는 성경에 이름과 같이 그 배에서 생수의 강이 흘러나오리라 하시니 이는 그를 믿는 자들이 받을 성령을 가리켜 말씀하신 것이라."[78]

결론

지금까지 우리가 상세히 살펴본 바에 따르면, 복음 전도에 관한 성경적 관점의 주안점은 바로 하나님이 복음 전도의 중심이시라는

---

[77] 눅 24:47-49; 행 1:8; 참조. 요 20:21-23.
[78] 요 7:37-39.

것이다. 이것은 일부 현대적인 복음 전도와는 정반대되는 개념이다. 그러므로 결론적으로 말하자면, 오늘날의 복음 전도에서 가장 필요한 것은 하나님이 하나님 되시도록 하는 우리의 겸손이다. 이 겸손은 복음 전도를 황폐화하기는커녕, 오히려 더욱 풍성하고 깊이 있고 능력 있게 해 줄 것이다.

우리의 동기는 하나님의 영광이어야지, 교회나 개인의 영광이 되어서는 안 된다.

우리가 전하는 메시지는 그리스도와 사도들이 전해 준 하나님의 복음이어야지, 인간의 전통이나 개인의 견해여서는 안 된다.

우리의 인적 자원은 하나님의 교회 그리고 교회 내의 각 지체들이어야지, 복음 전도를 자신의 특권처럼 여기는 소수에게만 한정되어서는 안 된다.

하나님의 영이 우리의 힘이 되셔야 하며, 개인적 능력이나 조직 혹은 말재주의 힘이 우리의 힘이 되어서는 안 된다.

이런 것에 우선순위를 두지 않으면, 우리는 말해야 할 때 침묵하게 될 것이다.

옛날에 시몬 베드로는 예수님의 적들에게 둘러싸여 '세상 속에' 불편하게 섞여 있었다. 그들은 춥고 어두운 밤에 마당에 둘러앉아 화롯가에서 불을 쬐고 있었다. 베드로도 그 속에 끼여 있었다. 예수님을 증언하기에는 더할 나위 없이 좋은 기회였다. 그러나 그는 어린 하녀가 그를 그리스도인이라고 밝히자, 공포에 질려 자기 주인을 완강히 부인했다. 그는 세 번이나 부인했다. 증언할 기회가 세 번이나 왔는데, 침묵했던 것이다. 그리고 수탉이 울자 그제야 예수님의 경고를 기억하고는, '억장이 무너져서 울었다.' 그것은 침묵해 버린 죄 때문에 분통해서 쏟은 눈물이었다.[79]

우리는 베드로를 가볍게 무시할 수만은 없다. 우리도 그런 죄를 너무도 자주 범하기 때문이다. 사실 우리는 침묵하는 죄에 대한 핑곗거리를 너무도 잘 만든다. 그래서 우리 자신만 빼고 다른 모든 사람과 모든 상황을 탓한다. 그러나 사실 우리가 실패하는 이유는, 성경이 말하는 대로 복음을 전하려는 마음이 없기 때문이다. 또한 하나님의 영광이 널리 드러나도록 하기 위해 하나님의 영의 능력으로 하나님의 교회에 의해 하나님의 복음이 선포되는 것을 보고 싶어 하는 마음이 없기 때문이다.

우리는 교회가 이렇게 하나님의 복음 전도로 나아오도록 부르고, 우리 자신도 그에 헌신하기를 겸손히 바라야 한다.

---

[79] 막 14:66-72.

참고 문헌

"Towards the Conversion of England." 켄터베리와 요크의 대감독들이 지명한 복음 전도 위원회가 발표한 보고서(Press and Publications Board of the Church Assembly, 1945).

Abbé G. Michonneau, *Revolution in a City Parish* (Blackfriars, 1949).

Bryan Green, *The Practice of Evangelism* (Hodder and Stoughton, 1951).

Joost de Blank, *The Parish in Action* (Mowbrays, 1954).

Tom Allan, *The Face of My Parish* (S. C. M., 1954).

E. W. Southcott, *The Parish Comes Alive* (Mowbrays, 1956).

Douglas Webster, *What is Evangelism?* (Highway Press, 1959).

J. I. Packer, *Evangelism and the Sovereignty of God* (I. V. F., 1961).

Douglas Webster, *Local Church and World Mission* (S. C. M. Press, 1962).

Witness in Six Continents (Records of the Meeting of the Commission on World Mission and Evangelism in Mexico City, December 1963) edited by Ronald K. Orchard (Edinburgh House, 1964).

John V. Taylor, *For All the World* (the Christian Mission in the Modern Age, Hodder and Stoughton, 1966).

R. B. Kuiper, *God-Centered Evangelism* (Banner of Truth Trust, 1966).

Douglas Webster, *Yes to Mission* (S. C. M. Press, 1966).

Planning for Mission (Working Papers on the New Quest for Missionary Communities) edited by Thomas Wieser (Epworth, 1966).

옮긴이 김성녀는 연세대 영어영문학과와 미국 미주리 주립 대학교에서 광고언론학(석사)을 공부했고, IVP에서 수년간 사역하였다. 역서로는 다수의 성경 공부 교재와 『래리 크랩의 파파기도』 『하나님, 당신께 실망했습니다』 『내가 알지 못했던 예수』 『빛으로 소금으로』 『하나님의 러브레터』 『긍휼』 『나를 찾아가는 이야기』(이상 IVP) 등이 있다.

존 스토트의 복음 전도

초판 발행_ 2001년 3월 5일
초판 12쇄_ 2017년 8월 30일
개정판 발행_ 2023년 8월 11일

지은이_ 존 스토트
옮긴이_ 김성녀
펴낸이_ 정모세

펴낸곳_ 한국기독학생회출판부
등록번호_ 제2001-000198호(1978.6.1)
주소_ 04031 서울시 마포구 동교로 156-10
대표 전화_ (02)337-2257 팩스_ (02)337-2258
영업 전화_ (02)338-2282 팩스_ 080-915-1515
홈페이지_ http://www.ivp.co.kr 이메일_ ivp@ivp.co.kr
ISBN 978-89-328-1987-7

ⓒ 한국기독학생회출판부 2001, 2023

책값은 뒤표지에 있습니다.
무단 전재와 복제를 금합니다.